教师要健康，看这本就够了

胡维勤 主编

黑龙江科学技术出版社
HEILONGJIANG SCIENCE AND TECHNOLOGY PRESS

图书在版编目（CIP）数据

教师要健康，看这本就够了 / 胡维勤主编 .-- 哈尔滨：黑龙江科学技术出版社，2018.1

ISBN 978-7-5388-9241-3

Ⅰ．①教… Ⅱ．①胡… Ⅲ．①教师 – 保健 Ⅳ．① G478.2

中国版本图书馆 CIP 数据核字 (2017) 第 092990 号

教师要健康，看这本就够了

JIAOSHI YAO JIANKANG, KAN ZHE BEN JIU GOULE

主　　编　胡维勤
责任编辑　回　博
策划编辑　深圳市金版文化发展股份有限公司
封面设计　深圳市金版文化发展股份有限公司
出　　版　黑龙江科学技术出版社
　　　　　地址：哈尔滨市南岗区公安街 70–2 号　邮编：150007
　　　　　电话：（0451）53642106　传真：（0451）53642143
　　　　　网址：www.lkpub.cn
发　　行　全国新华书店
印　　刷　深圳市雅佳图印刷有限公司
开　　本　720 mm × 1020 mm　1/16
印　　张　10
字　　数　100 千字
版　　次　2018 年 1 月第 1 版
印　　次　2018 年 1 月第 1 次印刷
书　　号　ISBN 978-7-5388-9241-3
定　　价　29.80 元

CONTENTS 目录

PART 1 谁偷走了教师的健康

1. 教师与“亚健康” 002

2. 来自讲台与办公室的“伤” 006

PART 2 用心教书，更要用心吃饭

1. 教师需要哪些营养素 008

2. 饮食搭配也要讲科学 014

3. 饮食习惯动些“小心思” 018

4. 减压食谱：缓解紧张情绪 024

5. 精力食谱：消除身体疲劳 028

6. 健脑食谱：增强大脑功能 032

7. 清热食谱：缓解咽喉疼痛 036

8. 清肺食谱：抵御粉尘侵害 040

C O N T E N T S 目 录

PART 3

工作再忙，也别忽略运动

1. 适合教师的运动方法 044

2. 慎选时间地点，预防运动损伤 045

3. 散步也要讲究科学 046

4. 快走是有益全身的运动 047

5. 坚持慢跑，健康从脚下开始 048

6. 周末骑行放松，安全知识要牢记 050

7. 游泳既减压，又增强心肺功能 052

8. 登山有助身心健康，让身体吸饱氧 053

9. 抽空做几个伸展操，健身又瘦身 054

10. 办公室减压操，教师的必学“技能” 056

11. 老教师不妨学学太极拳 058

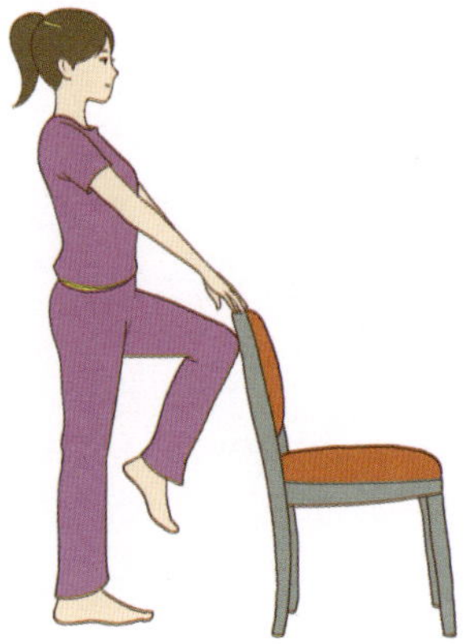

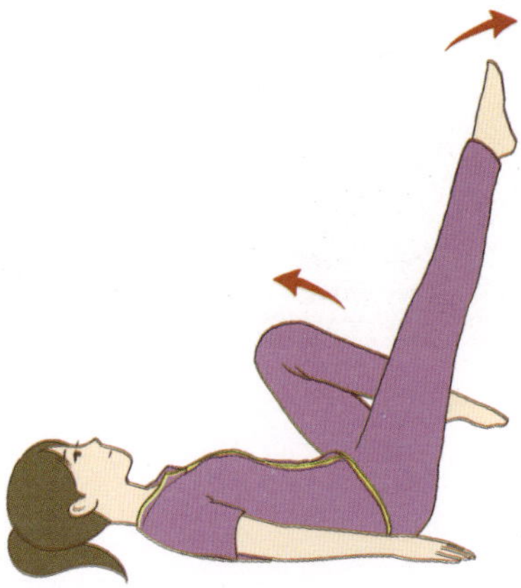

PART 4
好习惯，坚持下去就是健康

1. 多做自我保健的“小动作” 060
2. 保护嗓子的“四大保健法” 068
3. 无论课程多繁忙，切勿“憋尿” 069
4. 伏案备课批作业，千万别跷“二郎腿” 070
5. 6 招找回丢失的睡眠 071
6. 肺部保健的“静坐呼吸法” 072
7. 每天做一次眼保健操 073
8. 6 个动作防治神经衰弱 074
9. 偏头疼来袭，教你快速缓解 075
10. 经常按按这些“对症穴” 076

PART 5
好环境，为健康保驾护航

1. 作为教师，必须了解的环境隐患 078
2. 粉笔灰虽小危害大 079
3. 给教室勤通风 080
4. 实验室中有哪些污染 081
5. 教师如何应对“二手烟” 082
6. 小妙招“挡”住电脑辐射 083
7. 当心办公室“空调综合征” 084
8. 办公桌上放束鲜花好处多 085
9. 别让常用电器成为“隐形杀手” 086
10. 生活方式不当可能诱发疾病 087
11. 收看电视也有健康学问 088

PART 6

教师常见病，都能科学防治

颈椎病 090

肩周炎 094

腰椎间盘突出 098

慢性咽炎 102

过敏性鼻炎 106

胃病 110

下肢静脉曲张 114

冠心病 118

高血压 122

糖尿病 126

脂肪肝 130

骨质疏松 134

痔疮 138

PART 7

勤做心理排毒，工作也是幸福

1. 教师是心理问题的“高危人群” 142

2. 保持心情舒畅有秘诀 143

3. 充足的睡眠是良好心理的保障 144

4. 淡定面对“评职称” 145

5. 让愤怒不“爆发”的简单招数 146

6. 缓解压力，方法总比问题多 147

7. 离退休教师如何远离“焦虑症” 154

PART 1

谁偷走了教师的健康

健康是人们最关心的问题，特别是教师，由于工作紧张且繁忙，工作环境充满竞争，工作量也较大，影响了身体健康。这种现状使得其健康状况呈逐渐下降的趋势，十分让人担忧。

1 教师与“亚健康”

健康是现在人们最关心的问题，特别是在教育系统，由于教师工作紧张且繁忙，工作环境也存在竞争，工作量不断增加，这使得其健康状态呈现下降的趋势，令人担忧。

健康的定义

老师们每当到节假日、生日的时候，总会收到祝福的短信，如“亲爱的老师，祝您身体健康，万事如意”。从这些短信内容不难看出，健康已经成为当今的主流话题，健康的祝愿也成为如今最美好的祝愿之一。健康的定义究竟是什么呢？

“健康，就是指一个人在身体、精神和社会环境等各方面都处于良好的状态。”

从上面的定义来看，健康不仅仅是从前我们认为的身体的层面了，还有心理、精神，甚至社会层面。由此看来，现代人的健康内容包括躯体的健康、心理的健康、心灵的健康、社会的健康、智力的健康、道德的健康、环境的健康等。

健康

01 身体主要脏器无疾病，体态良好，体形匀称，身体各系统具有良好的生理功能。

02 具备正常的身体活动和劳动能力。

03 对疾病有着比较强的抵抗能力，对环境的变化有比较强的适应能力。

04 心理健康，有比较强的社会适应能力，遵守普遍的社会道德。健康不仅是人的基本权利，也是第一笔财富。

教师的健康标准

做教师十分不容易，特别是做一个身体健康的教师。教师健康的标准来源于两个方面，分别是生理和心理。我们先来看看教师的生理健康标准。

- 头发干净，富有光泽，无头屑。
- 牙齿洁白，无龋齿且无缺损，没有疼痛感；牙龈颜色正常，没有出血症状。
- 皮肤有弹性，肌肉放松，走路步态轻松有力。
- 体重正常，身体比例协调。
- 能够正常应对日常工作和生活的压力，不会过分感到紧张和疲劳。
- 有充足的休息时间，睡眠质量佳。

心理健康是指保持内部心理状态的平衡及内部心理活动与外部世界的协调。下面我们就给教师们具体分析一下，达到哪些标准才可以称为心理健康。

- 具有积极乐观的情绪状态。
- 建立良好的人际关系。
- 学会心理调适。
- 采取自我防御的方法。
- 积极改善教育环境。
- 教学活动不断创新。

什么是“亚健康”

“亚健康”是人体健康状态的一种说法，一般来说是指身体介于健康与疾病中间的一种状态。身体虽无器官质变，但是却表现出活力明显下降，生理功能和代谢过程呈现不同程度减退状态，表现为不完全健康，又没有达到疾病的边缘。

正处于“亚健康”状态的人虽还没有患病，但是已经被警示存在患病危险，很大程度上具有某种慢性非传染性疾病的病前状态，有发生某些疾病的高危倾向。这类人群普遍存在着靠近疾病水平，以及免疫力偏低的体质，承担着心理上面的高负荷，在各种生理或心理问题的不良影响下容易患病，严重者还可危及生命。

国外称“亚健康”状态为“身体第三状态”或“灰色状态”，国内有学者将正处在这种状态的人称为“半健康人”。近来，广东有关部门调查表明，广东高校教师大约有 70% 处于“亚健康”状态。

“亚健康”自我测评

你可以根据下面列出来的状况，测试一下自己是不是有“亚健康”或是“亚健康”到了什么程度。

感到情绪有点抑郁，会对着窗外发呆。	（5分）
昨天想好的一件事，今天怎么也想不起来，且这些天来，常常会出现此种情况。	（10分）
工作效率降低，上司已经明确对你表示不满意。	（8分）
不想面对同事和上司，有自我封闭的倾向。	（8分）
害怕走进办公室，觉得工作令人厌烦。	（8分）
工作情绪没有办法提升，最觉得不可思议的：莫名其妙的火气很大，但又无法集中精力发作。	（8分）
工作1个小时后，就会感到身体十分疲倦，胸闷气短。	（10分）
盼望早早地离开办公室，就想着能够回家，躺在床上休息片刻。	（8分）
一日三餐，进餐量减少，排除天气因素外，除非是饭菜很符合自己的口味，否则也是常常没有食欲。	（7分）
早上起床时，发现有大量的头发丝掉落。	（8分）
晚上时常睡不着觉，即使睡着了，又总是处于做梦的状态，睡眠质量十分糟糕。	（10分）
体重有比较明显的下降，早上起来，发现眼眶深陷，下巴突出。	（10分）

总结：

如果你的累积总分超过30分，就说明健康已经敲响了警钟；如果累积总分超过50分，就需要反思一下你的生活状态，加强锻炼并改善营养搭配等；如果累积总分超过80分，赶紧去医院寻求医生，给自己放个长假，调整心理问题。

2 来自讲台与办公室的“伤”

教师的工作量一般都很大，日出千言，其气必伤，加上长期站着或伏案工作，很多教师患有咽炎、腰间盘突出。每天面对几十个孩子，生气、着急、上火都是不可避免的，出现这些现象，教师们应该如何面对呢？大家可以根据自己的情况，参考下面的方式应对。

1 | 长期讲课：伤气 |

教师平时说话多，很伤害身体的气血，可以多进行有氧运动，另外也可以服用补气血的药物来进行调理，增强体质和抵抗力。

2 | 长久站立：伤腰伤骨 |

对于教师来说，长期采用站姿、坐姿或双腿交叉等姿势，能够造成腰部疲劳，容易引起或加剧筋骨伤害。为了避免伤腰伤骨，最好每站立半小时坐下来休息几分钟。

3 | 伏案备课：伤颈椎 |

教师如果工作了一天时间，颈椎已经非常累了，晚上回家后，尽量不要在这种过于疲劳的状态下继续工作；应保证充足的睡眠，以缓解这一天颈部的疲劳；要调整好睡觉的姿势，选用高度合适的枕头。

4 | 吸粉笔灰：伤咽伤肺 |

教师上课时应该注意发声的方法，不要过度使用嗓子，平时要多喝水润喉；另外还要注意个人的生活习惯，戒烟戒酒，避免辛辣、过冷过热等刺激性很强的食物；可考虑推广白板书写，擦黑板时尽可能远离，减少粉尘吸入。

5 | 批改作业：伤眼伤肝 |

教师在批改作业时，需要高度集中思想，目不转睛。眼睛不仅仅是靠肝来提供营养的，五脏六腑最精华的物质都可用来滋养眼睛。所以，教师在批改作业的时候，要注意批改一个小时就休息几分钟。

6 | 熬夜操心：伤神 |

教师最好别熬夜，如果真的要熬夜，那么吃点维生素片。熬夜是一个脱水的过程，需补充水分，薄荷与黄瓜压榨的饮料可以提神醒脑。一周最多熬夜 3 次，因为熬夜过多伤神上火。

PART 2

用心教书，更要用心吃饭

教师每天孜孜不倦地传道授业，工作艰辛可想而知！教学工作时间比较久的教师经常会有各种不适。所以，教师在用心教书的同时更要用心呵护自己，只有拥有健康的身体才能将教书育人工作开展得更为顺利。接下来，让我们从最简单的日常饮食开始，告诉您如何正确吃饭，防病治病。

1 教师需要哪些营养素

教师是辛勤的园丁，为培育好每一位学生，他们可谓劳心劳力，白天在讲台上挥汗如雨，晚上又要在灯光下批阅作业。长期的工作压力容易让他们身心疲惫，此时营养的有效补充对健康非常重要。

“三大营养素”为工作提供热能

犹如机器运转需要燃料一样，人体的各种活动，如血液循环、心脏跳动、胃肠消化和排泄等也都需要食物供给的热能来维持。

食物中产热的养分主要是碳水化合物、脂肪和蛋白质。每克纯碳水化合物能供给热量 4 千卡（1 千卡≈ 4.186 千焦）；每克纯脂肪可供给热量 9 千卡；每克纯蛋白质可供给热量 4 千卡。碳水化合物、脂肪、蛋白质均能为机体提供热能，称为热能营养素。

当热能营养素提供的总热能与机体消耗的能量平衡时，三种热能营养素的摄入量的比例为 6.5 ：1 ：0.7，分别给机体提供的热量为碳水化合物占 60%~70%、脂肪占 20%~25%、蛋白质占 10%~15%，各自的特殊作用得到发挥并相互起到促进和保护作用，这种总热能平衡、热能比例（或热能营养素摄入量的比例）也平衡的情况称为热能营养素构成平衡。热能营养素供给过多，将引起肥胖、高血脂和心脏病；过少会造成营养不良，同样可诱发多种疾病，如贫血、结核、癌症等。

维生素促进新陈代谢

维生素是维持人体生命活动必需的一类有机物质，也是保持人体健康的重要活性物质。维生素在体内的含量很少，但在人体生长、代谢、发育过程中却发挥着重要的作用。如果长期缺乏某种维生素，就会引起生理功能障碍而发生某种疾病。

01 维生素 A

维生素 A 能增强免疫系统功能，帮助细胞再生，保护细胞免受能够引起多种疾病的自由基的侵害。它能使呼吸道、口腔、胃和肠道等器官的黏膜不受损害，对教师常见的咽喉不适有较好的防治效果。人体每天对维生素 A 的需求量大概为 0.8 毫克。维生素 A 主要存在于动物肝脏及血液、鳗鱼、胡萝卜等食物中。

02 烟酸

烟酸即维生素 B_3，是 B 族维生素中人体需要量最多的。它不但是维持消化系统健康的重要营养素，也是性激素合成不可缺少的物质。对工作压力比较大的教师来说，烟酸有维系神经系统健康和脑机能正常运作的功效，所以更加不可以忽视。一般建议成人每日摄取量为 13~19 毫克，烟酸的主要食物来源有全麦制品、糙米、绿豆、芝麻、花生、香菇、紫菜、鸡肉等。

03 维生素 C

维生素 C 能够捕获自由基，预防癌症、动脉粥样硬化、风湿病等疾病，提高人体的灭菌能力和解毒能力，促使脑细胞得到营养补充，从而使脑力好转、智力提高，服用大剂量维生素 C 对预防感冒和抗癌也有一定作用。此外，它还能提高免疫力，对皮肤、牙龈和神经也有好处。人体本身不能合成维生素 C，必须从食物中摄取，每天多吃水果和蔬菜基本上能满足人体对维生素 C 的需要。

04 维生素 D

维生素 D 又称钙化醇，具有抗佝偻病的作用，在动物的肝、奶及鸡蛋黄中含量较多，尤以鱼肝油含量最丰富。维生素 D 能够帮助人体吸收磷和钙，是造骨的必需原料，对老师常见的骨质疏松、腰膝酸软等症具有很好的防治作用。

05 维生素 E

维生素 E 能抵抗自由基的侵害，预防心肌梗死，成人每天摄入 50 毫克的维生素 E 即可满足需要，其主要存在于蔬菜、豆类之中。

矿物质助你精力充沛

矿物质是人体内无机物的总称，是人体必需的元素。矿物质是无法自身产生、合成的，人体每天矿物质的摄取量也是基本确定的，但也因年龄、性别、身体状况、环境、工作状况等因素而有所不同。

钙是骨骼、牙齿及软组织的重要成分

缺钙易得佝偻病、骨质疏松症、心血管病等。人体缺钙现象比较普遍，补钙最关键的是人体能否吸收，能否沉积于骨组织内。矿泉水中钙、镁含量较多，而且钙、镁含量比例相当，易被人体小肠吸收，进入细胞外液，并沉积于骨组织内。因此，含钙矿泉水是人体钙的一种来源。人体每天需摄入钙 1100 毫克左右。钙的主要来源还有奶与奶制品、小虾皮、海带、豆和豆制品、各种瓜子、芝麻酱和蔬菜等。

铁是人体血液中运输和交换氧所需的成分

铁参与血蛋白、细胞色素及各种酶的合成。人体缺铁会发生小细胞性贫血、免疫功能下降和新陈代谢紊乱等。人体每日需摄入铁 15 毫克左右，铁的主要来源有动物肝脏、畜禽肉类、鱼类等。

锌是核酸和蛋白质合成的要素，参与多种酶的合成

锌能增强机体免疫力、性功能和创伤组织的再生能力，使受伤和手术部位愈合加快；能使皮肤更健美，使人变得更聪明；还能改善味觉，增强食欲。锌被誉为“生命的火花”“智慧元素”。人体每日需摄入锌 14.5 毫克左右，锌的主要来源有牡蛎、畜禽的肉及肝脏、蛋、鱼、豆类、谷类等。

碘是甲状腺的重要组成部分

碘具有促进蛋白合成、活化多种酶、调节能量转换、加速生长发育、促进伤口愈合、保持正常新陈代谢等重要的生理作用。人体缺碘则会导致甲状腺肿大、发育停滞、痴呆等症状。人体每日需摄入碘 0.2 毫克左右，碘的主要来源有海带、紫菜、淡菜、海参等。

膳食纤维清理体内垃圾

膳食纤维是一种不易被消化的食物营养素，主要来自于植物的细胞壁，包含纤维素、半纤维素、树脂、果胶及木质素等。膳食纤维是健康饮食不可缺少的。简单来说，膳食纤维具有以下功效：

通便排毒

一方面，膳食纤维体积大，可促进肠蠕动、减少食物在肠道中的停留时间，其中的水分不容易被吸收。另一方面，膳食纤维在大肠内经细菌发酵，会直接吸收纤维中的水分，使大便变软，产生通便作用。

预防结肠癌和直肠癌

这两种癌的发生主要与致癌物质在肠道内停留时间长，以及其和肠壁长期接触有关。增加膳食中的纤维含量，使致癌物质浓度相对降低，加上膳食纤维有刺激肠蠕动的作用，致癌物质与肠壁接触时间将大大缩短。研究认为，饮食长期以高动物蛋白为主，再加上摄入纤维素不足，是导致这两种癌的重要原因。

防治痔疮

痔疮的发生是大便秘结而使血液长期阻滞与瘀积所引起的。由于膳食纤维具有通便作用，可降低肛门周围的压力，使血流通畅，从而可起到防治痔疮的作用。

降低血脂，预防冠心病

由于膳食纤维中的一些成分如果胶可结合胆固醇，木质素可结合胆酸，使其直接从粪便中排出，从而消耗体内的胆固醇来补充胆汁中被消耗的胆固醇，由此降低了胆固醇，从而有预防冠心病的作用。

防治胆结石

胆结石的形成与胆汁中的胆固醇含量过高有关，由于膳食纤维可结合胆固醇，促进胆汁的分泌、循环，因而可预防胆结石的形成。有人每天给病人增加 20~30 克的谷皮纤维，一月后即发现胆结石缩小，这与胆汁流动通畅有关。

抗氧化物质修复身体损伤

抗氧化物是清除自由基的重要物质，人类必须通过日常饮食，才能获得足够的抗氧化物，以免自由基对人体健康造成伤害。

| 抗氧化酶 |

有些东西暴露在空气中很容易和空气中的氧气发生反应，一旦发生氧化作用，物质原本的作用就会流失或降低。削好皮的苹果放--会儿就会变黄，就是和氧气发生了氧化作用，抗氧化就是隔绝掉物体与氧气接触，减缓氧化的速度。

氧化是肌肤的最大威胁，日晒、压力、环境污染等都能让肌肤自由基泛滥，从而产生面色黯淡、缺水等氧化现象，都是身体产生氧化的“罪魁祸首”。所以无论从健康层面还是从护肤层面，我们都需要在日常生活中注意抗氧化。而酶是生物体内活细胞产生的一种生物催化剂，所以抗氧化酶就是生物体内活细胞产生的一种能够减缓氧化速度的生物催化剂。

1

| 胡萝卜素 |

胡萝卜素主要存在于深绿色或红黄色的蔬菜和水果中，比如，β-胡萝卜素进入人体消化器官后，可以转化成维生素A，是目前补充维生素A最安全的产品，它可以维持眼睛和皮肤的健康，改善夜盲症、皮肤粗糙的状况。

2

| 番茄红素 |

番茄红素主要存在于茄科植物西红柿的成熟果实中，是被发现的植物中最强的抗氧化剂之一。科学证明，人体内的单线态氧和氧自由基是侵害人体免疫系统的罪魁祸首。番茄红素清除自由基的功效远胜于其他类胡萝卜素和维生素E。

3

| 花青素 |

研究表明，花青素是当今人类发现的最有效的抗氧化剂，它的抗氧化性能比维生素E高出50倍，比维生素C高出20倍。所以花青素堪称植物营养素中的“抗氧化之王”。

4

| 多酚 |

多酚为酚的衍生物植化物，种类繁多，依其化学结构不同，有葡萄籽中的原花青素、类黄酮、儿茶酚、黄烷酮、木酚素等。蓝、紫、绿、黄、橙色蔬果都含多酚，这些多酚类物质都具有抗氧化及消除自由基的功能。

5

补充足够的水分很重要

日常生活中，大多数教师在平时都很注意饮水，但仍有少数人对此却不关心。他们平时在办公室很少喝水，而在上课的时候则更是如此，即使上课的时候“喉咙冒烟”，也常常是忍着，殊不知，这样做对身体非常有害。

事实上，水对人体非常重要。人的体重 60%~70% 是水，如果减少 10%，人就会感到不舒服，再减掉 10%，生命就会处于危险状态；人不吃食物可存活 1 周以上，如果不喝水，数日就会死亡。所以，水对人体健康的重要性不言而喻。

专家指出，一个成年人一般每天应该从饮水中补充 1200 毫升左右的水。此外，专家提醒，在以下时间内饮水对身体非常有益，当然，饮水的时间并不受限制，只要你想饮水就可以饮。

时间	饮水对教师身体的影响
07:00	清晨是补水的最佳时机。因为经过一夜的睡眠，身体消耗了大量的水分，血液浓度增高，起床后，空腹喝下200毫升的温水，能迅速降低血液浓度，促进血液循环，还可以帮助肝脏和肾脏排毒。除此之外，清晨饮水可以使肠胃马上苏醒过来，刺激蠕动，防止便秘。
08:30	此时教师较为匆忙，难免有些烦躁，喝杯清水可以适当缓解紧张情绪。
11:00	教师工作繁忙，常常因此而忘记饮水，但是为了健康着想，必须养成良好的饮水习惯。中午11点左右饮水，不但可以补充因工作流失的水分，而且可以帮助缓解紧张的心情。但午餐前不宜大量饮水，否则会冲淡胃液，使胃的消化吸收功能减退。因此，此时是补水的好时机。
13:00	此时喝一些水或者饮用一点果汁，不但可以增强人体的消化功能，还有助于保持苗条的身材。
15:00	工作了许久，皮肤和内脏肯定都缺水了，人也难免有点累了，许多人都有在此时喝咖啡的习惯，但专家提醒，这时候如果喝咖啡或者高糖的饮料，身体反而容易脱水。因此，不妨以一杯温水代替咖啡。
18:30	刚刚回到家中，喝一杯水可以解渴，但晚饭前不宜大量饮水。
21:00	睡前2小时应再喝一杯水，因为人体在睡眠的时候会自然发汗，在不知不觉中流失水分及盐分，而睡眠的几小时内，身体都无法补充水分，这就是人早晨起床会觉得口干舌燥的原因了。但是，也不能一次喝太多水，以免晚上需要上洗手间影响睡眠质量，而且眼睛下面容易水肿，形成眼袋。

2 饮食搭配也要讲科学

如何保证膳食平衡

平衡膳食又称为合理膳食或健康膳食，是指全面达到日常营养素摄入量标准的膳食。摄入者从食物中摄取的各类营养素可以在生理上建立起一种平衡关系。

三大产热营养素之间的比例要平衡：按中国人日常的膳食习惯和特点，三大产热营养素的适当比例是碳水化合物占摄入总能量的 55%~60%；脂肪占摄入总能量的 25%~30%；蛋白质占摄入总能量的 10%~15%。

与能量代谢关系密切的各类维生素之间的比例要平衡。

蛋白质中所含的必需氨基酸之间的比例要平衡。

单不饱和脂肪酸、多不饱和脂肪酸与饱和脂肪酸三者之间的比例要平衡。

碳水化合物与膳食纤维之间的比例要平衡。

钙与磷的比例要平衡。

酸性食物与碱性食物的比例要平衡。

动物性食物与植物性食物的比例要平衡。

其实，简单地来讲，平衡膳食就是指多种食物经过适当地搭配做出的膳食，这种膳食既能满足人体对能量的需求，又能满足对各种营养素的需求。所以我们日常摄取的食物中应该既含有动物性食物，包括畜肉、鱼、禽、蛋、奶及奶制品；又含有植物性食物，包括谷类、薯类、蔬菜、水果、豆类及其制品、糖类和菌藻类。这两类食物应该有一个非常好的比例搭配。

科学搭配膳食的原则

科学搭配膳食对于营养师来说可能是一大研究课题，但是对于我们来说，需要遵循的只有两个原则，即能量代谢平衡的原则和物质代谢平衡的原则。

能量代谢平衡的原则

此原则指要按照我们的年龄、性别和工作强度，找出能量摄入标准，来确定一天能量的总摄入量，即根据确定的总能量要求，对三大营养素（蛋白质、脂肪、碳水化合物）进行合理分配，计算出蛋白质、脂肪、碳水化合物一天各需要摄入多少。

物质代谢平衡的原则

此原则指要根据我们的年龄、性别和工作强度，确定其他营养素一天的摄入量，即找出维生素、矿物质的摄入量标准，然后确定从什么食物中摄取这些营养素，需要摄入多少。

能量的摄入量应该如何计算？我们可以来看看下面的计算方法。

人的身体在休息的时候也是需要消耗能量的，这也是营养学中提到的基础代谢。这部分能量用来维持人体基础体温以及大脑、肌肉和内脏器官的正常活动。如果你不运动，那么每天需要的能量可以按照下面的公式估算。

女性　65+[9.6×体重（kg）]+1.8×身高（cm）-（4.7×年龄）=基础代谢

男性　66+[13.7×体重（kg）]+5.0×身高（cm）-（6.8×年龄）=基础代谢

这个公式计算的只是你整天待在床上不动需要消耗的能量。如果你进行了活动或运动的话，能量消耗一定会增加，那么基础代谢就可以作为基数并进行下一步的计算。

教师的“私人订制”膳食指南

教师是一份神圣的职业，是负责教育祖国下一代的工程师。教师由于职业特性而容易患上一些疾病。为了自身的健康着想，教师应多从日常膳食出发，改善自身的健康状况。

多吃富含叶黄素、玉米黄素的食物

教师经常会为了备课而熬夜，很容易导致眼睛过度疲劳，而且经常需要站在阳光直接照射的讲台上，长期如此会对视网膜造成很大的影响。日常饮食中多进食一些富含叶黄素及玉米黄素的食物，可明显降低视网膜黄斑变性的危险性，帮助清除和抑制自由基。可供选择的此类食物有绿叶蔬菜、甜玉米和蛋黄等。

多吃排毒除尘食物，对抗粉尘侵害

教师属于粉尘工作者，需长年累月在黑板上书写、讲解，在 45 分钟的一节课里通常都要擦写数次，下课时，往往手上、袖子上，甚至头发、肩膀上都会留下一层白白的粉笔灰。可想而知，教师每天吸入的粉笔灰尘有多少。所以，教师在日常的饮食中应多吃具有排毒除尘的食物，以此来减轻粉尘对身体的侵害。

木耳： 木耳含有一种植物胶质，有较强的吸附力，可将残留在人体消化系统内的灰尘、杂质吸附，再排出体外，可防止和治疗各种异物造成的胃肠不适。所以教师最好每周吃两次以上的木耳。

猪血： 猪血中的血浆蛋白被人体内的胃酸分解后，会产生一种解毒清肠的分解物，其能将有害粉尘及金属微粒排出体外。另外，猪血富含铁，对贫血而面色苍白者有改善作用。

苦瓜： 苦瓜含有一种具有明显抗癌功效的活性蛋白质，能够激发体内免疫系统的防御功能，增强免疫细胞的活性，清除体内有害物质。苦瓜虽口感略苦，但余味甘甜，尤其女性应多吃，可使经血顺畅。

多吃润肺止咳食物，对抗嗓子干哑

教师长期大声说话，容易引发声带水肿、充血或咽喉发炎，加上长期受粉尘刺激，容易引发慢性咽炎。

银耳： 能润肺化痰、养阴生津，做菜肴或炖煮食用，可治疗阴虚肺燥、干咳无痰或痰多黏稠等症状，与百合做羹食用疗效尤佳。

百合： 能润肺止咳、清心安神，对肺结核、支气管炎、支气管扩张及各种秋燥症状有较好疗效。熟食或煎汤，可治久咳、干咳、咽痛等症。

梨： 有清热解毒、润肺生津、止咳化痰等功效，生食、榨汁、炖煮或熬膏，对肺热咳嗽、麻疹及老年咳嗽、支气管炎等症有较好的治疗效果。

多吃利水消肿食物，对抗腿部浮肿

教师属于久坐与长时间站立的人群，因此，经常会出现腿部不适的症状，在抵抗力下降或潮湿天气来临时往往会出现腿部浮肿的现象。日常生活中多进食具有利水消肿功效的食物，能有效预防和治疗腿部浮肿。

海带： 海带中的硫酸多糖能吸收血管中的胆固醇，并将其排出体外，能有效治疗腿部浮肿。

冬瓜： 有利尿消肿、清热解毒、清胃降火及消炎的作用，对消除浮肿有良好的治疗作用。

芹菜： 芹菜口感脆嫩，有降压、利尿、消除浮肿和降血压的作用。

茶叶： 茶叶富含一种叫茶多酚的营养成分，具有解毒的作用。

3 饮食习惯动些“小心思”

早起一刻钟，享用营养早餐

营养专家认为，早餐是一天中最重要的一餐，每天吃一顿营养丰富的早餐，可以强身美容，益寿延年。“早餐要吃好”的观念，很早就有人提出了，说的是早餐应吃一些营养价值高、少而精的食物。在如今这样一个快节奏的时代，在一寸光阴一寸金的大环境下，广大的教师人群应早起一刻钟，享用一顿营养丰富的早餐，以精神饱满的姿态来接受一天的考验。

早餐的科学搭配

早餐的重要性不言而喻，因此我们也要按照平衡膳食宝塔来搭配。

谷类：包括米、面、杂粮。这类食物主要提供碳水化合物、蛋白质、膳食纤维及 B 族维生素，是日常膳食中能量的主要来源。多种谷类混合着吃，比单吃一种效果好。

蔬菜和水果：主要提供了膳食纤维、矿物质、维生素和胡萝卜素。因为蔬菜和水果各有特点，不能相互替代，所以不可只吃水果不吃蔬菜，当然也不可只吃蔬菜不吃水果。一般来说，红色、绿色和深黄色的蔬菜和水果含营养成分都会比较丰富，所以建议多食用深色的蔬菜和水果。

鱼、虾、肉、蛋：能为人体提供优质蛋白质、脂肪、矿物质、维生素 A 和 B 族维生素。

奶类和豆类食物：奶类主要来源于鲜牛奶、奶粉等。奶类食物除含有丰富的优质蛋白质和维生素外，含钙量也较高，且利用率也高，是天然钙质的极好来源。豆类食物含丰富的优质蛋白质、不饱和脂肪酸、钙及维生素 B_1、维生素 B_2 等。

油脂类：包括植物油等，主要提供能量，同时植物油还可提供维生素 E 和必需脂肪酸。

早餐饮食三原则

01 宜少不宜多

早餐饮食过量，如果超过了胃肠的消化能力，食物不能完全被消化吸收，长此以往会使人体消化功能下降，胃肠功能发生障碍，继而引起胃肠疾病。另外，早餐吃得过多，也会使大量的食物残渣堆积在大肠中，被大肠中的细菌分解，有些分解物也会经肠壁进入人体血液中，这对人体十分有害。因此，早餐不可不吃，但也不可吃得过饱。

02 宜迟不宜早

传统观念认为，早饭应该要早吃，然而，现代医学研究认为，早餐不宜太早。人体经过一夜的睡眠，绝大部分器官得到了充分休息，但是消化系统夜间仍在繁忙工作，紧张地消化吸收着晚餐存留在胃肠道中的食物，直到早晨才处于休息状态。因此，如果早饭吃得过早，就会干扰消化系统的休息，加重消化系统的负担。但是这一饮食原则对教师来说确实有点困难，因为教师的上班时间一般比较早。所以教师朋友如果早上上课比较早，不妨简单吃一些容易消化的食物，以减轻肠胃的负担。

03 宜软不宜硬

早晨，由于人体的脾脏困顿呆滞，常会使人胃口不开，食欲不佳，故早餐不宜进食油腻、煎炸、干硬以及刺激性大的食物，否则容易导致消化不良。此时，宜吃些容易消化的温热柔软的食物，例如牛奶、豆浆、面条、馄饨等，最好能喝点粥，如能在粥中加些莲子、红枣、山药、桂圆、薏米等食物，那营养就更丰富了。

早餐食物推荐

营养均衡的早餐，能让身体马上消除疲劳，充满精力。下面为教师朋友推荐一些营养全面、非常适合早餐食用的食物。

牛奶	人类最古老的天然饮料之一，自古有“白色血液”之称，对人体的重要性可想而知。
鸡蛋	富含胆固醇，营养丰富，一个普通鸡蛋重约50克，含蛋白质7克。
豆浆	营养非常丰富，而且容易被消化吸收。
馒头	除了蛋白质、碳水化合物、脂类以外，其中的酵母还富含多种维生素、矿物质和酶类。
包子	发酵食品，多吃发酵食品对人体健康也是非常有好处的。
稀饭	可以帮助清理肠胃，对身体有众多益处。
苹果	营养成分可溶性大，容易被人体吸收，故有“活水”之称。
酸奶	富含有乳酸菌，营养丰富，还具有保健作用。
麦片	富含各种营养成分，而且质量优秀。
面条	营养丰富，制作简单，食用方便。
生菜	含有大量维生素C、维生素B_1、维生素B_6、β-胡萝卜素、维生素E等。

一周营养早餐食谱推荐

星期一	麦片粥、玉米饼、苦瓜炒鸡蛋、洋葱拌虾皮、果汁
星期二	绿豆稀饭、麻酱花卷、煮鸡蛋、麻酱豆角
星期三	玉米核桃仁粥、馒头、鸡蛋炒圆白菜
星期四	燕麦粥、发糕、香椿炒鸡蛋、凉拌海带丝
星期五	二米粥（大米、小米）、牛肉包子、拌芹菜
星期六	桂圆小米粥、豆沙包、瘦肉丝炒豆腐干
星期日	红枣大米粥、烧饼、肉松、拌黄瓜

“快”工作，“慢”吃饭

正确处理好工作与吃饭的时间分配关系，是维持教师身体健康的基本要求，也是缓解工作压力的有效方法。

效率使我们的生命时间相对延长，但是效率不见得能够使我们的生命质量提高，在这个追求质量的时代，效率已经不能代表生命的全部。我们仍然不能否认，工作还是需要高效率。然而我们的生活，比如吃饭是坚决不能建立在高效率、快节奏上的。

人生需要节奏感，需要有的放矢，需要一张一弛。如果快工作，那就需要慢生活，如果什么都快，那自然压力就大，最后不可避免地产生低效率工作。因此，慢生活也可谓是快工作的有效保证。

三餐定时定量，减轻肠胃负担

定时进食是维持身体健康的重要条件。按照一定时间有规律地进食，能使人体建立起条件反射，可以保证消化、吸收有节律地进行。当接近吃饭时，胃肠便开始分泌消化液，进食的食物则可在体内有条不紊地被消化、吸收，营养也将被输送到全身各处。

如果进食随意，就会使肠胃长时间处于工作状态，得不到休息，打乱胃肠消化的正常规律，使消化功能减弱，从而导致食欲减退，影响健康。我国传统的进食方法是一日三餐，若能严格按时进食，养成良好的饮食习惯，则消化能力健旺，对身体健康大有益处。

人体每天均需摄入一定量的食物，以维持生命活动的需要。如果摄入量不足，人体得不到足够的营养，就会影响健康，甚至诱发各种疾病。反之，如果摄入量超过了一定的限度，就会损伤脾胃功能，引起疾病。因此，饮食要定量，一般而言，每餐以七八分饱为宜。

吃出缤纷，五色食物养五脏

许多食品既可以做菜又可以做药。从食物的外观我们能得到食物进补的一些启示，比如补骨脂、腰果的外形像人体的肾，我们就可用它们补肾；我们还可以鱼眼治人眼，用猪腰子补肾；核桃仁外形像人体大脑两半球沟回，我们就可用它来补脑益智。这就是说，外形长得像人体脏器的食品，大多也可用于补人体相应的脏器，此为中医所说的以形补形。

不仅形状如此，食物的颜色也有类似的功效，这再次印证了“天人相应”的养生之道。研究发现，药食的颜色与人体肝、心、脾、肺、肾相互对应，这就是人们通常所说的五色食疗。所谓的五色是指青、赤、黄、白、黑五种颜色。天地化生万物的时候，其实是有一个养生的玄妙之处在里面的。青入肝、赤入心、黄入脾、白入肺、黑入肾，具体说来：① 青色是肝色，所以青色食品多补肝，如青笋、青菜、青豆；② 赤色是心色，所以红色的食品养心入血，还有活血化瘀的作用，如山楂、西红柿、红苹果、红桃子、红心萝卜、红辣椒、红豆；③ 黄色是脾色，所以黄色的食品多补脾，如山药、玉米、黄小米、黄豆；④ 白色是肺色，所以白色的食品有补肺作用，如白果、白梨、白桃、白杏仁、百合；⑤ 黑色是肾色，所以黑色的食品有益肾补虚、抗衰老的作用，如黑桑葚、黑芝麻、黑米、黑豆、何首乌、熟地黄。

根据五色食物养五脏的观念，教师在发现自身身体出现状况后可进行针对性的调理，比如当发现嗓子有轻微的不舒服后可选择白色食物食用，以此改善肺部不适；当发现腰膝酸软时可选择黑色食物食用，以此补肾强腰健膝……

加班熬夜别忘了补充能量

加班熬夜已经成为现代很多人的常事了，对于工作艰辛的教师而言，加班熬夜更是常态。但需要告诫大家的是，我们在努力工作的同时千万不可忽视了对自身健康的关注。

镁元素对能量的产生是至关重要的，摄入足够量的镁元素，可以达到你想要的提神效果。坚果、豆腐、甜菜和菠菜等都富含镁元素，教师加班熬夜之际可以多食用这类食物。碳水化合物是大脑能量的来源，有助于保持情绪稳定，并有助于睡眠，教师应适量摄入地瓜、燕麦片等全谷类食品以补充碳水化合物。此外，熬夜之际多补充水分能缓解熬夜导致的口渴、烦躁以及皮肤干燥等。

节假日适当“轻断食”有助健康

每逢假期来临之际，大家总是想着出去旅游，和朋友吃吃喝喝，开心过节。其结果：在临近上班时，各地医院门诊和急诊的患者数量明显增加，症状多表现为胃肠道不适和发烧感冒。而促使这些问题出现的原因，要么是假日期间长时间上网、看电视，使身体没有得到充分休息；要么是忙于聚会，暴饮暴食，打破作息规律，引起身体的失衡。因此，长假还是有些健康事宜需要注意的，特别是平时工作紧张、饮食没有规律的教师，可以趁着小长假调理一下肠胃，年轻人或可适当“轻断食”。

适度地“轻断食”，给身体带来的益处远远超出你的想象。首先，它可以让身体不用辛苦地一直消化食物，肝脏也有时间修复受损细胞，进行排毒。而且，由于只有节假日能执行“轻断食”，不影响生活质量，我们还是可以跟朋友聚会，也不需要看着别人吃美食，而自己只能很可怜地吃蔬果。我们完全可以自由选择适合“轻断食”的日子，努力执行一天后，第二天又可以吃想吃的食物，身体也在这天得到了适当的休息与修复。而在断食期间，我们并不是完全不吃任何东西，而是将分量降到了平日的 1/4，实施起来非常简单，更有利于长期执行。

4 减压食谱：缓解紧张情绪

研究发现，某些食物中所含有的营养成分可以调节神经递质的含量，它可以令人的心情变得安宁、愉悦，从而非常有效地减轻压力。所以，合理科学地饮食，用食物调理我们的身体机能，才能调节我们的情绪，从而减轻压力，这才是最健康的减压方法。

碳水化合物减压：碳水化合物能促进脑部分泌脑神经传导物质血清素，让头脑清明，脑部运作顺畅，所以适量摄取碳水化合物，可以有效帮助体内神经传导物质运作，缓解神经紧张。富含碳水化合物的食物包括马铃薯、米饭、地瓜、面条、杂粮面包、南瓜等。

蔬菜减压：多摄取蔬菜，补充其中的左旋色氨酸，可以帮助脑部产生血清素。另外，各色蔬菜，包括黄色（如玉米、黄甜椒等）、橘色（如胡萝卜）、绿色（如花椰菜）等蔬菜，都含有丰富的矿物质、维生素和植物多酚，可以提高免疫力以预防疾病。另外蔬菜中的纤维素可增加食物容积，加快胃肠蠕动，使人大便通畅，感觉良好而起到减压的效果。

水果减压：水果是维生素的最佳来源，可以帮助释放压力，另富含植物多酚，植物多酚为抗氧化物，可预防疾病，提升免疫反应。新鲜水果首选青黄色水果，如芒果、西瓜、青桃等。

深海鱼类减压：深海鱼类包括沙丁鱼、鲑鱼、鲭鱼、鳟鱼等，因为其含有大量的Omega-3，可以强化动脉与心脏，并维持身体血液循环与血管方面的健康。

乳制品减压：乳制品中富含有蛋白质，可帮助恢复之前大量消耗的能量。建议选择低脂低盐的牛奶、优酪乳或是奶酪片，以减轻身体的负担。

蜜汁枸杞蒸红薯

材料： 红薯 300 克，蜂蜜 20 克，枸杞 10 克

做法

1 去皮洗净的红薯切片。

2 取蒸盘，放入红薯片，摆放整齐，撒上枸杞，淋蜂蜜；备好电蒸锅，烧开水后放入蒸盘，蒸至食材熟透。

3 取出蒸盘，稍冷却后即可食用。

功效

这道菜具有清热解毒、镇静安神的功效。

百合南瓜羹

材料： 南瓜 200 克，鲜百合 50 克，冰糖适量

做法

1 洗净的南瓜去皮和子，切成片状；鲜百合剥成瓣后洗净。

2 蒸锅上火烧开，放入南瓜片，蒸至软烂，取出，捣成泥状。

3 锅中注水烧开，倒入冰糖、南瓜泥和鲜百合，略煮片刻即可。

功效

这道菜具有稳定情绪、松弛神经的作用。

果汁牛奶

材料： 橙子肉 200 克，纯牛奶 100 毫升，蜂蜜少许，薄荷叶少许

做法

1 橙子肉切小块。

2 取榨汁机，倒入橙子肉块，榨出果汁，倒入杯中。

3 加入适量的纯牛奶；加入备好的蜂蜜，搅拌匀，点缀上薄荷叶即可。

功效

这款果汁富含 B 族维生素，是人体代谢不可或缺的物质，有稳定情绪的效果。

土豆莲藕香蕉汁

材料： 土豆 170 克，莲藕 150 克，香蕉 150 克

做法

1 锅中注水烧热，倒入土豆、莲藕，煮 5 分钟，捞出。

2 将放凉的土豆切块；莲藕切块；香蕉去皮掰成小段。

3 取榨汁机，倒入土豆、莲藕、香蕉、温水，榨取汁液即可。

功效

这款蔬果汁可增强记忆力，具有平衡心理压力的效果。

粉蒸胡萝卜丝

材料： 胡萝卜 300 克，蒸肉米粉 80 克，黑芝麻 10 克，盐、芝麻油、蒜末、葱花各少许

做法

1 洗净去皮的胡萝卜切丝。

2 取碗，加入胡萝卜丝、盐、蒸肉米粉，拌匀，装蒸盘，入蒸锅蒸至入味，取出。

3 胡萝卜倒入碗中，加蒜末、葱花、黑芝麻、芝麻油，搅匀即可。

功效

这道菜具有调节内分泌、稳定情绪、松弛神经的效果。

紫甘蓝胡萝卜沙拉

材料： 紫甘蓝 100 克，胡萝卜 50 克，香菜叶适量，盐少许

做法

1 洗净的紫甘蓝洗净，切丝；洗净的胡萝卜切丝；香菜叶洗净，撕成小片。

2 将切好的紫甘蓝丝装入大碗，放入胡萝卜丝、香菜叶。

3 加入盐，将蔬菜拌匀即可。

功效

这款沙拉具有镇静、缓和情绪的作用。

南瓜大米粥

材料： 水发大米 90 克，南瓜 110 克，鸡粉、盐、葱花各少许

做法

1 洗净去皮的南瓜切粒。

2 锅中注水烧开，倒入大米，搅匀，煮至大米熟软，加入南瓜粒，拌匀，煮至食材熟烂。

3 放入鸡粉、盐，搅匀，盛出煮好的粥，装碗，撒葱花即可。

功效

这道粥可改善情绪和大脑神经功能，起到缓解抑郁情绪的作用。

活力西瓜草莓汁

材料： 无子西瓜 200 克，草莓 80 克，柠檬 25 克，纯净水适量

做法

1 用勺挖取西瓜肉；草莓洗净去蒂，对半切开；柠檬切开挤出汁。

2 将西瓜肉、草莓放入榨汁机，倒入柠檬汁，加入适量纯净水。

3 盖好盖子，启动榨汁机，榨成汁倒入杯中即可。

功效

这款果汁可帮助减少紧张、暴躁和焦虑的情绪。

芒果酸奶

材料： 芒果肉 70 克，酸奶 65 克，蜂蜜适量

做法

1 芒果肉切小块。

2 取榨汁机，倒入芒果肉；加入一半的酸奶；放入蜂蜜。

3 选择“榨汁”功能，榨成汁；断电后倒出芒果汁，装入杯中倒入剩余的酸奶搅拌即成。

功效

这款果汁能有效发挥调节作用，使心情变得平静、愉快。

5 精力食谱：消除身体疲劳

因工作时间增加，教学环境和教学内容一成不变，教学激情会慢慢下降，教师会出现教学精力投入不足的现象。这个是大部分教师会遇到的问题，特别是教龄较长的教师。同时，随着学生备考压力或自身教学工作要求的不断增加，很多教师往往力不从心，出现身心疲惫的现象。

人体出现精力不足常表现为体虚力弱，精神不振，智力、听力、视力等下降，面容憔悴、枯萎，阳气减少，抵抗力下降等早衰的症状；心理上有勇气、胆量减少，容易恐惧的现象；性格变得自闭内向，不愿与人交往。

如果发现自己出现了上述的一些症状，说明你有精力不足、疲劳的现象，我们可以从饮食出发，多食用一些益气健脾的食物。

韭菜： 韭菜中含有的蛋白质和微量元素对补充人的体力有着非常重要的作用，还能促进血液循环和新陈代谢。在生活中教师如果出现了精力不足的症状，不妨多吃一点韭菜。

枸杞： 枸杞具有养血补肾的功效，食用也非常方便，我们只要泡水喝就可以充分吸收里面的营养物质。生活中教师要补充精力，喝点枸杞茶是非常好的。

豆类食品： 豆制品中含有丰富的氨基酸，对于健脾补肾相当有好处。古书上也记载了大豆与肾脏的关系，其对恢复教师的精力有很好的帮助。

泥鳅： 泥鳅含有优质蛋白质、脂肪、维生素 A、维生素 B_1、烟酸、铁、磷、钙等。其味甘、性平，有补中益气、益肾生精的功效，对治疗精力不足具有较好的作用。

玫瑰枸杞茶

材料： 干玫瑰、枸杞、蜂蜜各适量

做法

1 锅中注水烧开，放入干玫瑰，拌匀，煮 1 分钟后捞出，备用。

2 杯中放入枸杞和玫瑰，倒入开水冲泡。

3 待水温降低后调入蜂蜜饮用。

功效

这款茶具有醒脾健胃、清肝明目、清热利湿的效果。

西洋参枸杞汤

材料： 西洋参 15 克，红枣、枸杞各适量，冰糖 30 克

做法

1 砂锅注水烧开，倒入洗净的西洋参、红枣，拌匀，用小火煮 3 分钟，至药材析出有效成分。

2 再放入枸杞、冰糖，搅拌均匀，煮至冰糖溶化。

3 将煮好的药膳汤盛出即可。

功效

这道汤具有补气提神、滋养生津、消除疲劳的功效。

雪梨银耳枸杞汁

材料： 雪梨 120 克，水发银耳 85 克，枸杞、冰糖各适量

做法

1 将去皮洗净的雪梨切开，去除果核，再切小块；银耳洗净，切成小朵；枸杞洗净，备用。

2 将雪梨、银耳、枸杞放入豆浆机中，加入清水，开启机器将其煮熟，加入冰糖，拌匀即可。

功效

这款果汁能使细胞获得滋养，能使人精力充沛。

菊花枸杞瘦肉粥

材料： 菊花5克，枸杞10克，猪瘦肉片100克，水发大米120克，盐、鸡粉、水淀粉、食用油各适量

做法

1 肉片装碗，加少量的盐、鸡粉和水淀粉、食用油，腌渍10分钟。

2 砂锅中注水烧开，倒入大米、菊花、枸杞，煮至熟透。

3 加入瘦肉片煮熟，加盐、鸡粉，拌至食材入味即可。

功效

这道粥能提神，促进肾上腺素分泌，有助于解除疲劳。

黑豆玉米须豆浆

材料： 泡发黑豆100克，玉米须、白糖各适量

做法

1 将泡发好的黑豆洗净，玉米须洗净，一起放入豆浆机中，加入适量水。

2 选择五谷功能，启动豆浆机。

3 加入白糖拌匀，倒入杯中即可。

功效

这款豆浆能起到补充铁质的作用，能有效地改变疲惫、无力的状况。

香菜拌黄豆

材料： 水发黄豆200克，香菜20克，姜片、花椒、盐、芝麻油各少许

做法

1 锅中注水烧开，倒入黄豆、姜片、花椒、少量的盐，拌匀，煮至食材入味，装碗，拣去姜片、花椒。

2 黄豆中加入香菜，加盐、芝麻油，拌匀，使其入味。

3 将拌好的食材装入盘中即可。

功效

这道菜可消除疲劳、增进食欲、提高机体对蛋白质的消化率。

绿豆薏米薄荷汤

材料： 绿豆 30 克，薏米 20 克，薄荷叶 10 克，冰糖适量

做法

1 绿豆、薏米洗净，用清水浸泡 2~3 小时。

2 砂锅中倒入绿豆、薏米和清水，煮约 30 分钟。

3 加入薄荷叶、冰糖，续煮 10 分钟，放凉后即可食用。

功效

这道汤具有解毒、提神和消除疲倦的作用。

红豆马蹄汤

材料： 马蹄肉 150 克，水发红豆 150 克，姜片少许，盐、鸡粉各 2 克

做法

1 砂锅中注水烧开，倒入红豆，煮 30 分钟。

2 放入姜片、马蹄肉，续煮 30 分钟至食材熟透。

3 揭盖，加入盐、鸡粉，拌匀，盛出煮好的汤料，装碗即可。

功效

这道汤不仅可以缓解倦怠，还能开胃、补充体力。

韭菜炒鸡肉

材料： 韭菜、鸡肉各 150 克，盐、食用油各适量

做法

1 鸡肉洗净切块；韭菜洗净，切去头部和尾部，再切成小段。

2 起油锅，放入鸡肉，翻炒至熟；再放入韭菜，拌匀。

3 调入盐，拌匀入味，盛到盘子中即可。

功效

这道菜可以补充身体中丢失的钾元素，有效防治夏季犯困、精神不振等症状。

6 健脑食谱：增强大脑功能

教师经常过度用脑，尤其是中学的教师，每天都要督促学生们上课学习，下课还要给他们做辅导和思想教育，使得很多教师到老年就容易记忆力减退、精神萎靡。因此，适当地放松一下，注意合理用脑，劳逸结合也是非常重要的保健措施。日常饮食中，教师们也可以有针对性地食用一些具有健脑的食物。

菜花、西蓝花：大脑记忆能力取决于脑细胞间建立了多少新"通道"。脑细胞兴奋度越高，建立的"通道"就越多。大脑中有一种叫作乙酰胆碱的化学物质负责脑细胞的兴奋度，它常见于卷心菜、西蓝花和菜花中。

香蕉：营养价值丰富的香蕉，除了富含蔗糖、果糖、葡萄糖等三种天然糖分，能迅速补充教师所需的能量、提升体力、预防精神疲倦引起的记忆力不佳等现象外，香蕉中所含有的丰富矿物质——钾，不仅能解决身体的钠离子过高等问题，更有促进人体细胞及组织生长的作用。

鱼：鱼是促进智力发育的首选食物之一。鱼头含有十分丰富的卵磷脂，是人脑中神经递质的重要来源，可增强教师的记忆、思维和分析能力，并能控制脑细胞的退化，延缓衰老。鱼肉还是优质蛋白质和钙质的极佳来源，特别是含有大量的 ω-3 不饱和脂肪酸，对大脑和眼睛的正常发育尤为重要。

核桃：核桃因其富含不饱和脂肪酸，被公认为是中国传统的健脑益智食品，用脑过度的教师一定要食用。每日 2 ~ 3 个核桃为宜，持之以恒，方可起到滋养大脑、增强记忆力、消除脑疲劳等作用。

草菇西蓝花

材料： 草菇 90 克，西蓝花 200 克，胡萝卜片、姜末、蒜末、葱段、蚝油、盐、鸡粉、水淀粉、食用油各适量

做法

1 洗净的草菇切块；洗好的西蓝花切朵；锅中注水烧开，加食用油，将西蓝花、草菇焯煮断生后捞出。

2 油爆胡萝卜片、姜末、蒜末、葱段，倒入草菇、蚝油、盐、鸡粉、水淀粉，炒熟即可。

功效

这道菜具有改善血液循环、增强记忆力、延缓衰老的作用。

花菜香菇粥

材料： 西蓝花朵 100 克，花菜朵 80 克，胡萝卜丁 80 克，大米 200 克，香菇条、盐各适量

做法

1 将食材清洗干净。

2 砂锅中注水烧开，倒入洗好的大米，煮 40 分钟。

3 再加入香菇、胡萝卜、花菜、西蓝花，拌匀，续煮 15 分钟至食材熟透，放盐调味即可。

功效

这道粥能帮助促进脑细胞代谢，保持大脑的健康活力。

苹果香蕉豆浆

材料： 苹果块 30 克，香蕉片 20 克，水发黄豆 50 克

做法

1 将已浸泡 8 小时的黄豆洗净，倒入滤网，沥干。

2 把黄豆、苹果、香蕉倒入豆浆机中，注水，开始打制豆浆。

3 把煮好的豆浆倒入滤网，滤取豆浆，倒入碗中即可。

功效

这款豆浆有利于改善认识能力，保证大脑正常工作。

豆腐卷心菜

材料： 豆腐 100 克，卷心菜 80 克，食用油、盐各适量，红椒、葱花各少许

做法

1 洗净的卷心菜切片；洗净的豆腐切块；分别将卷心菜、豆腐焯水片刻，捞出。

2 起油锅，放入卷心菜，炒至熟软，加入豆腐、盐，炒至入味，盛出，撒红椒、葱花即可。

功效

这道菜能促进智力发育，维持和改进大脑机能。

苦菊鱼片粥

材料： 水发大米 110 克，草鱼肉片 100 克，苦菊 95 克，姜丝、料酒、盐、鸡粉、水淀粉、芝麻油各少许

做法

1 鱼肉片装碗，加入料酒、水淀粉和少量的盐、鸡粉、芝麻油，腌渍至入味。

2 砂锅中注水烧开，倒入大米煮软，加入姜丝、鱼肉片、盐、鸡粉，煮至鱼肉七成熟，放入苦菊，放入芝麻油，煮至入味即成。

功效

这道粥可使人精力充沛、注意力集中，并能提高人的创造能力。

鱼头豆腐汤

材料： 豆腐块 300 克，鱼头 250 克，香菜、葱段、姜片各少许，高汤、盐、鸡粉、胡椒粉、食用油各适量

做法

1 锅中注水烧开，倒入豆腐煮 5 分钟，捞出；油爆姜片，放入鱼头，煎至金黄色，倒入高汤煮沸。

2 将鱼头汤倒入砂锅中煮 25 分钟，倒入豆腐，加盐、鸡粉、胡椒粉，拌匀，加香菜、葱段即可。

功效

这道汤对保护大脑、提高记忆力大有好处。

胡萝卜鱼粥

材料：大米 50 克，小鱼干 30 克，胡萝卜 30 克，盐适量

做法

1 胡萝卜洗净去皮后切碎；小鱼干洗净。

2 砂锅注水烧开，倒入洗净的大米、小鱼干和胡萝卜碎，拌匀，煮 30 分钟。

3 加入盐，拌匀，盛出碗中即可。

功效

这道粥能加强脑细胞蛋白质功能，促使脑细胞兴奋，使大脑更好地发挥作用。

核桃姜醋

材料：嫩姜 65 克，核桃仁 12 克，米醋 450 毫升

做法

1 洗净的嫩姜用斜刀切厚片。

2 砂锅置旺火上，倒入米醋、姜片、核桃仁，拌匀，煮约 20 分钟，至食材熟透。

3 揭盖，搅拌，盛出煮好的汤汁，装碗中即可。

功效

这道菜具有增强记忆力、健脑益智的功效。

核桃芝麻米糊

材料：大米 50 克，核桃仁、黑芝麻、白砂糖各适量

做法

1 将大米洗净；核桃仁掰成小块。

2 豆浆机中放入大米、黑芝麻、核桃仁；注入适量水；选择“米糊”功能，启动机器。

3 煮好后放入白砂糖拌匀至溶化即可。

功效

这道菜可起到滋养大脑、增强记忆力、消除脑疲劳等作用。

7 清热食谱：缓解咽喉疼痛

教师工作的特殊性在于要经常用嗓，久而久之容易导致咽喉疼痛。有的教师每天要上四节课，每节课 45 分钟，按每秒钟吐字两个来计算，教师上课时发声器官需要做 21600 次伸张运动。此外，教师用嗓力度、强度大，为使教室内每名学生都能听到，他们必须要用相当大的声量。这使得很多老师都有咽喉疼痛的症状，严重者甚至会影响正常的教学工作，更严重的情况是有的教师因声音嘶哑发不出声，最后不得不离开讲台。

针对教师的用嗓问题，我们建议各位教师在平时的饮食中多进食一些可清热消炎的食物，做好防患措施。

绿豆：绿豆具有清热解毒、止渴消暑、降压明目等功效，是消暑佳品。此外绿豆还能清除肠胃积热，消除咽喉肿痛，有助于慢性咽炎的治疗。

苦瓜：苦瓜清热解毒、清凉解暑的功效深入人心，对咽喉肿痛等慢性咽炎的症状有着不错的治疗作用。

西瓜：西瓜被誉为“天生白虎汤”，不仅是消暑佳品，对咽喉肿痛也有一定的治疗作用。慢性咽炎患者常吃西瓜，能有效改善咽干口渴、疼痛不适等症状。

黄瓜：黄瓜具有清热解毒、下气通便、减肥美容的功效，生吃可解渴除烦，熟吃有利水作用，是人们常吃的蔬菜之一。

蜂蜜：蜂蜜在许多治疗慢性咽炎的食疗方中都有出现。蜂蜜能润肺止咳、清热解毒、健脾益胃、润肠通便。

猕猴桃：猕猴桃具有解热止渴、消炎去肿的功效，是近年来广为推崇的营养保健佳品。其内含的天然成分不仅对慢性咽炎有缓解作用，甚至对癌症也有一定的辅助治疗效果。

苦瓜粥

材料：水发大米 150 克，苦瓜 65 克，蜂蜜适量

做法

1 洗净的苦瓜切开，去瓤，切丁。

2 砂锅中注水烧开，倒入洗净的大米；再加入苦瓜，煮至食材熟软。

3 加入蜂蜜拌匀，盛出煮好的粥，待稍微放凉后即可食用。

功效

这款粥适用于中暑、暑热烦渴、咽喉痛疼痛、热毒痢疾等症。

鲈鱼老姜苦瓜汤

材料：苦瓜块 50 克，鲈鱼肉 60 克，老姜 10 克，盐、食用油各适量，葱段少许

做法

1 砂锅置火上，注油，倒入葱段、老姜，爆香，放入苦瓜块，注水，煮开。

2 放入鲈鱼肉，续煮 10 分钟至食材熟，加入盐，搅匀调味，盛出煮好的汤，装碗即可。

功效

这道汤品具有清热消暑、滋肝明目的作用，可治疗上火引起的眼睛干痒、烦躁不安等症。

蜂蜜苦瓜汁

材料：苦瓜 200 克，蜂蜜适量

做法

1 洗好的苦瓜去瓤，再切片。

2 取榨汁机，选择搅拌刀座组合，倒入苦瓜；加入蜂蜜，注水，盖好盖。

3 选择“榨汁”功能，榨出蔬菜汁；断电后倒出蔬菜汁，装杯即成。

功效

这款饮品对治疗疮肿、中暑发热、痱子过多、结膜炎等病有一定的功效。

雪梨酿蜂蜜

材料： 雪梨1个，蜂蜜适量

做法

1 雪梨洗净，顶部切掉一小块作为盖子，挖去果核。

2 雪梨中放入蜂蜜，盖上盖子。

3 蒸锅注水烧开，放入装有雪梨的盘子，开大火至水开后，小火蒸熟约10分钟即可。

功效

这道甜品适用于治疗气候干燥引起的咽喉干燥、皮肤干燥皱裂、口唇干裂等。

圣女果黄瓜沙拉

材料： 黄瓜150克，圣女果100克，薄荷叶10克，醋、白糖、盐各适量

做法

1 黄瓜洗净切成薄片；圣女果洗净对半切开。

2 取一个碗，放入黄瓜、圣女果，加入薄荷叶、醋、白糖、盐拌匀。

3 将拌好的食材倒入盘中即可。

功效

这款沙拉具有生津止渴、健胃消食、清热解毒的作用，能治疗口渴、食欲不振等症。

黄瓜柠檬汁

材料： 黄瓜120克，柠檬70克，蜂蜜适量

做法

1 洗好的黄瓜切丁；洗净的柠檬切片。

2 取榨汁机，倒入黄瓜、柠檬，加水，盖上盖，选择“榨汁”功能，榨取蔬果汁。

3 揭盖，加蜂蜜，拌匀即可。

功效

这款饮品具有除热、利水利尿、清热解毒的功效，主治烦渴、咽喉肿痛。

猕猴桃香蕉豆奶昔

材料： 香蕉 2 根，猕猴桃 1 个，牛奶 50 毫升，柠檬汁 20 毫升

做法

1 香蕉去皮切小块，放入搅拌机中；用勺子挖出猕猴桃果肉，放入搅拌机中。

2 再倒入柠檬汁、牛奶，盖上搅拌机的盖子，启动果汁键。

3 搅拌 3 分钟后，倒入杯中即可。

功效

这款奶昔能清肺热、降肝火，适合各种热性疾病患者饮用。

绿豆红薯豆浆

材料： 水发绿豆 50 克，红薯块 40 克

做法

1 已浸泡 8 小时的绿豆倒入碗中，加水，洗净，倒入滤网，沥干。

2 把洗好的绿豆倒入豆浆机中，放入红薯，注水至水位线，开始打制成豆浆；把煮好的豆浆倒入滤网，滤取豆浆，倒入杯中，撇去浮沫即可。

功效

这款豆浆具有下火排毒的功效，对肺热引起的咽喉不适具有很好的食疗效果。

蜂蜜蒸木耳

材料： 水发木耳 15 克，红糖、蜂蜜、枸杞各少许

做法

1 取碗，倒入洗好的木耳，加入蜂蜜、红糖，拌匀，倒入蒸盘。

2 蒸锅上火烧开，放入蒸盘，蒸 20 分钟至其熟透。

3 揭开锅盖，将蒸好的木耳取出，撒上枸杞点缀即可。

功效

这道菜具有清肺、益气、生津的作用，能缓解咽喉疼痛。

8 清肺食谱：抵御粉尘侵害

教师上课的环境可谓非常糟糕，我们经常看到教师授课时，身体周围笼罩着大量飘浮的粉笔粉尘。这些粉尘可通过鼻、咽、支气管进入到人体肺部，在这一过程中，部分粉尘会停留于上呼吸道，对黏膜上皮细胞产生机械刺激和损坏，人长期在这种环境下工作，会引起一系列的病变。当粉笔粉尘进入肺以后，多数被阻留在肺泡内，经过一系列的刺激、化学和免疫的作用便可造成肺部损伤，包括呼吸系统炎症和肺通气功能下降。

所以，教师平时应该多饮水，多吃新鲜蔬菜和水果，不仅可补充各种维生素和矿物质，还能起到润肺除燥、祛痰止咳、健脾补肾的作用。

雪梨：常见水果，因肉嫩白如雪，故得名。中医认为白色入肺，故白色食物对肺有保养功效。

银耳：性平，味甘、淡，无毒，既是名贵的营养滋补佳品，又是扶正强壮的补药。同为白色食物，银耳性更温润，比雪梨更适合体寒或肠胃不好的人，同时又有益气清肠的作用。

蜂蜜：蜂蜜所含的葡萄糖和果糖，人体最易吸收，还含有与人体血清浓度相近的多种矿物质、有机酸，有滋养、润燥、解毒之功效。

百合：不仅具有良好的营养滋补之功，还具有养心安神、润肺止咳的功效，对病后虚弱的人非常有益。

萝卜：白萝卜中的芥子油、淀粉酶和粗纤维，具有促进消化、增强食欲和止咳化痰的作用。中医理论认为其性凉，入肺、胃经。

雪梨猪肺汤

材料：猪肺 200 克，雪梨块 80 克，姜片 20 克，料酒、盐、鸡粉各适量

做法

1 处理好的猪肺切块，入沸水锅煮熟，捞出。

2 锅置火上，注水烧开，放入猪肺、姜片、料酒，煲 40 分钟，加入雪梨，煲 10 分钟，再加盐、鸡粉调味，转到汤碗即可。

功效

这道汤对肺虚咳嗽、久咳、咳血等症具有一定的食疗效果。

麦冬银耳炖雪梨

材料：雪梨 200 克，水发银耳 120 克，麦冬 10 克，冰糖 30 克

做法

1 洗净的雪梨去核，切块。

2 砂锅注水，倒入银耳，放入雪梨、麦冬、冰糖，拌匀，炖 90 分钟至食材有效成分析出。

3 揭盖，搅拌一下，盛出甜品汤，装碗即可。

功效

这道菜能养阴生津、润肺清心，适用于肺燥干咳、虚劳咳嗽、津伤口渴、心烦失眠等症。

金橘枇杷雪梨汤

材料：枇杷 2 个，雪梨 1 个，金橘 3 个，冰糖 1 块，盐、蜂蜜各适量

做法

1 洗净的雪梨切块，洗净的金橘切成小瓣，枇杷去皮、去核，切块后加盐水浸泡。

2 锅中注入清水，放入雪梨，加入金橘煮开，加冰糖、枇杷，再煮 30 分钟，倒入碗中，淋入蜂蜜即可。

功效

这道汤对气管炎和上呼吸道感染患者出现的咽喉干、痒、痛、喑哑等均有良效。

黄瓜雪梨汁

材料：黄瓜 120 克，雪梨 130 克

做法

1 洗好的雪梨去核，切小块；洗净的黄瓜切成丁，备用。

2 取榨汁机，倒入雪梨（留三块）、黄瓜，加入清水。

3 选择“榨汁”功能，榨取果汁，将榨好的果汁倒入杯中，放入三小块雪梨，口感更佳。

功效

这道饮品具有清热泻火、润燥止咳的作用，对肺热干咳有很好的疗效。

杏仁银耳润肺汤

材料：银耳 70 克，杏仁 5 克，麦冬 3 克，冰糖适量

做法

1 将泡发洗净的银耳切去根部，切成块。

2 锅中倒入水，把麦冬、杏仁一起倒入锅中，盖上锅盖，烧开。

3 再倒入银耳，煮至银耳晶莹透亮，放入冰糖，煮至溶化，盛出即可。

功效

这道汤具有降逆止咳的作用，适合干咳的教师食用。

罗汉果焖银耳

材料：罗汉果 35 克，枸杞 10 克，水发银耳 120 克，冰糖适量

做法

1 洗好的银耳切小块，备用。

2 砂锅中注水烧开，放入枸杞、罗汉果、银耳，焖煮 20 分钟，至食材熟透。

3 放入冰糖，拌匀，略煮片刻，至冰糖溶化即可。

功效

这道菜具有润肺止咳的作用，能缓解教师的咽喉不适。

PART 3

工作再忙，也别忽略运动

教师工作繁忙，但再忙，也要抽时间进行运动。教师在紧张的课间，花几分钟伸伸腰、踢踢腿，既可以消除疲劳，又能活血提神。另外，教师工作压力大，空闲时或节假日可以多运动，例如散步、快走、慢跑、骑车、游泳、登山、打太极拳等，这些运动有利于缓解压力，消除抑郁和焦虑情绪，对教师的身与心都有很好的调解作用。

1 适合教师的运动方法

依据教师的不同年龄段，选择适合自己的运动项目是非常重要的，如果不顾及自身情况而选择不合适的运动项目，则既达不到健康效果，还会给身体带来损伤。根据健身教练建议，教师锻炼最好要因年龄而异。

20~30 岁年龄段的教师

此年龄段的教师可以选择具有冲击性的、运动量较大的有氧运动，如足球、篮球、拳击等。这些运动既可以消除工作和学习上的压力，增强肌肉力量，又能激发人的创造力，增强人的自信心，对教师日常工作也不无帮助。

30~40 岁年龄段的教师

此年龄段的教师适宜骑自行车、游泳、跑步、攀岩和武术等运动项目。这类运动可增强肌肉的弹性和耐性，同时有助于提高人的灵活性和协调能力、思维能力，培养人的专注力，可以使人忘却工作和生活中的不快。

40~50 岁年龄段的教师

此年龄段的教师由于生理上的变化及工作、家庭负担较重，适宜选择低冲击性的有氧运动，如慢跑、游泳、跳绳、打乒乓球等。这些运动既可强健体魄，提高机体抗病力，又可缓解心理紧张和工作压力。

60 岁以上年龄段的教师

由于整个身体的器官功能开始衰退，锻炼的目的就是增强心肺功能，调理新陈代谢，延缓衰老。运动应选择如散步、慢跑、打太极拳等，运动时一定要遵循逐步适应、循序渐进、养成习惯的原则。

2 慎选时间地点，预防运动损伤

时间

每个人选择锻炼的时间不同，有的人喜欢晨练，有的人喜欢中午锻炼，还有一些人喜欢晚上锻炼，那么究竟哪个时间锻炼对身体健康最有益呢？

| 清晨晨练 |

坚持晨练有益身心健康。每天我们应该早起一会，到户外适当地做一些运动，呼吸一下新鲜的空气。我们可以选择适当距离的慢跑（不宜剧烈运动），或者可以到活动场去做一些健身器械的练习，如拉伸练习。早晨是一天中空气质量最好的时候，我们应该锻炼一下筋骨，帮助身体尽快从一夜的休息中醒来。

| 中午锻炼 |

中午吃过午饭，空闲的时候我们可以做一些室内运动（夏季午后紫外线强度高，不宜在烈日下锻炼），有条件的话可以在跑步机上适当慢跑一下，不仅可以帮助消化，还可以锻炼身体。

| 晚饭后锻炼 |

晚饭后直接洗澡睡觉是不好的，我们在晚饭后也可以做适当的锻炼，可以在户外的活动场跑跑步或者慢走半个小时，这样可以起到帮助消化的作用。但是晚上锻炼不宜剧烈，当然每个人的锻炼方法和强度都不相同，要根据自身条件来选择。

地点

运动需要选择一个良好的场所。首先，空气质量要好，如果空气不好反而会有损健康；其次是环境，一个良好的环境可以让人身心愉悦、心旷神怡，对健康大有裨益。所以建议老师们，如果喜欢跑步，可以选择去附近的体育场进行锻炼。正规的跑道对锻炼有利，也不会发生问题和危险。

3 散步也要讲究科学

散步适合所有年龄段的教师，是非常好的运动方式，可惜常常为许多人所忽略。当然，散步要散出健康来，就必须掌握科学的散步方法。

01 端正姿势

头正平视，收腹缩臀；双脚平行，脚尖朝前；步幅均匀，步态稳健；手臂适度摆动，或用力前后摆动，以增进肩和胸廓的活动，这对有呼吸系统慢性病者尤为适用；患有消化不良者可一边走一边按摩腹部，以促进胃液分泌和胃的排空。

02 掌握呼吸

呼吸应采用吸气鼓腹、呼气收腹的方法；呼气应均匀缓慢，比吸气时间长。老年人和心血管病患者开始时不宜走得过快，如心跳过快、呼吸困难，应放慢速度，过一段时间再逐渐加快步伐。

03 选择步频

普通散步频率为每分钟 60~90 步，快速散步频率为每分钟 100 步以上。普通散步适用于一般的自我保健；快速散步一般以 7 天为一个阶段，应根据自我感觉和脉搏来决定是否转入下一阶段，不要操之过急。

04 散步时间

应尽量避开每天的空气污染高峰，即太阳升与落的前后 1 小时左右。注意不要在污染严重的工业区散步。

05 穿着舒适

散步时应穿得轻便一些，衣裤不宜绷得过紧，不要穿高跟鞋。

06 持之以恒

散步锻炼，贵在坚持，每周最少 5 天，每天最少 45 分钟，养成习惯。

4 快走是有益全身的运动

快走运动并没有一个固定速度作为判断标准。它是指努力以尽量快的速度步行，如果再快些你会感觉走起来不舒服，改成慢跑肢体会更适应。这样的情况就是适合自己快走速度的标准了。

快走 VS 其他运动

人类的运动方式多种多样。体育运动包括游泳、田径、球类，等等，这些运动基本都需要体育设施和用具，并且运动前要进行准备工作。而快步走则不需要这些设施和用具，只要您甩开双臂，迈开双腿，就可以达到锻炼身体、强健体魄的目的。

快走的好处

快走运动的减肥效果也让人感到欣喜，科研人员认为，腹部脂肪是最容易受快走影响而减少的。事实告诉人们，快步走，就像赶公共汽车一样，可以减轻体重，进而降低患心脏病、糖尿病、脑卒中和某些癌症的风险。如果每周进行快走运动 5 天，每天 45 分钟，这种锻炼的强度就可以达到前面的效果。虽然快走会让你心跳加快和出汗，但仍然可以与人正常交谈。

快走运动需要持之以恒

这里仍然需要指出的是，快步走可以达到减赘肉的效果，但是绝不是一朝一夕就可达到目的的。任何运动都需要坚持，不可半途而废。

5 坚持慢跑，健康从脚下开始

慢跑的好处

慢跑有很多好处，如可增强心肺功能、增强肌肉的反应能力与耐力、促进代谢、消耗能量等。

1 | 增强心肺功能 |

慢跑可以加强心脏收缩功能，增加血液输出量，增加血液中高密度脂蛋白胆固醇含量，同时还能降低静息心率、血压，提高身体的各项机能。

2 | 增强肌肉的反应能力与耐力 |

坚持慢跑可增强肌肉反应能力与耐力，肌肉反应能力与耐力是我们平时维持工作与应付紧急情况的应变能力，慢跑是提高肌耐力的最佳选择之一。

3 | 促进代谢，帮助排毒 |

规律的慢跑可以加快体内的新陈代谢，延缓身体机能老化的速度。体内的毒素等有害物质，可借由汗水及尿液排出体外。

4 | 消耗热量 |

慢跑一小时，轻松运动的状况下所消耗的热量为420~588卡（1.8~2.5千焦）。

5 | 减轻心理压力 |

现代社会生活压力大，竞争激烈，容易造成紧张情绪，导致精神及心理压力大，影响日常的工作和生活。适度慢跑可帮助减轻心理负担，保持身心健康。

6 | 提升生活品质 |

健康是保障生活品质的基础，规律而正确的慢跑活动能促使身体保持健康状态。慢跑对我们的身体益处良好，教师朋友们不妨赶紧开始这项运动吧！

7 | 运动频率和时间 |

以每周3次，每次30~40分钟或6~8千米的路程为宜。

8 | 运动禁忌 |

如果天气太寒冷、生病感冒时不要勉强运动，以免对身体造成更大的损害。

慢跑的基本要领

在进行慢跑之前，要掌握慢跑的基本要领。

| 慢跑的正确姿势 |

进行慢跑时，要保持全身放松，上、下肢有弹性地自然摆动，防止受伤。每个人慢跑时的习惯姿势不同，也不必刻意模仿专业运动员的动作，只要以一种习惯的、放松的状态锻炼就可以了。自然摆臂，肩部放松，避免含胸，呼吸均匀，有利于调节肺部及呼吸系统功能。

身体略微前倾，幅度应以自然、舒适为好。不要过分前倾，那样会增加背部肌肉的负担；也不要后仰，后仰会导致胸腹部肌肉过分紧张。

躯干不要上下起伏太大或左右摇晃。腿前摆时注意髋部的转动和放松，自然送髋。

腿部和膝部前摆、摆正，不要过分上抬，侧向动作太大容易引起膝关节受伤。小腿不宜跨得太远而使步幅过大，避免跟腱因受力过大而劳损。注意小腿肌肉和跟腱在脚落地时的缓冲。

| 慢跑的正确呼吸 |

慢跑可以用三步一呼、三步一吸的呼吸法。

跑步时不宜只靠鼻子呼吸。跑步时，人体增加了对氧气的需要量，如果只靠鼻子呼吸，就满足不了人体对氧气的需要量。此时，势必会迫使身体加快呼吸频率、呼吸肌加强活动，以提高肺的通气量，来满足人体对氧气的需要。其结果是，呼吸肌会较快地产生疲劳，反而影响对氧气的供应。因此，跑步时要注意掌握呼吸动作的节奏，口鼻适当地一起呼吸，满足身体所需的氧气量。

有研究表明，兼用口、鼻同时呼吸，肺的通气量可由只用鼻呼吸时的 80 升 / 分钟提高至 173 升 / 分钟，并且不会因呼吸频率过快而产生呼吸肌疲劳。通过口腔呼吸，还可以辅助散发运动中体内产生的热量。但是，在寒冷天气进行跑步时，注意张口不宜过大，呼吸频率不宜过快。这样，吸入的冷空气经过口腔时得到温暖，从而减少了空气直接对呼吸道和肺产生的不良刺激。

6 周末骑行放松，安全知识要牢记

骑自行车可以使下肢的大肌群得到充分的活动，能增强肌肉耐力，加强心血管的功能，促进新陈代谢，燃烧脂肪，对身体有很好的益处。骑车虽好，但也有一些需要注意的地方。

骑自行车锻炼并不是人人皆宜

并不是所有人都适合通过骑自行车来进行锻炼，例如高血压患者、心脏病患者、癫痫患者以及处于生理期的女性和孕妇都不适合骑车运动，因为这些人在运动的时候，极易引发骑行事故。

骑自行车要看天气

骑车运动不适合在雾天进行，因为雾天的气压较低，来自四面八方的污染物较多又难以消失，人容易因吸入这些有害污染物而刺激某些敏感部位，引起气管炎、咽喉炎、结膜炎、肺部感染和一些过敏性疾病。

不当的骑行会伤害骨骼

很多喜欢骑车的朋友都出现过大强度骑行后膝盖疼痛的症状。专家表示，这是由于不当的骑行方式造成了膝关节半月板损伤。所以，运动前一定要做好充分的热身、肌肉伸展，尤其是在气温较低的时候肌肉会比较僵硬，热身活动更有必要。运动中要注意合理安排体力，如出现身体不适的情况，千万不要勉强骑行。

频率要科学

许多年轻人刚开始骑行就贪图骑得快和远，例如没有骑过长途的一下子骑了几十千米，而且过分追求速度。这样其实对身体的伤害很大，严重时膝盖会出现酸痛和积水。频率、强度和运动量是运动的三大基础。建议初学者找到适合自己的频率和强度后再增加运动量，普通初学者每分钟的蹬踏频率宜控制在 60~80 次，每次骑行至少要有 20 分钟高频率、低速度（即多圈少用力）的热身，使身体微微出汗即可。

骑车的注意事项

骑行运动的时间选择比较自由，教师朋友们可以在任何时间进行，如上下班时间、外出郊游的时候，时间、速度都可以根据自身条件来安排。行动前，您需要仔细看看下面的注意事项。

① 在骑行前一定要确认自行车的各部分零件没有问题。

② 骑行安全很重要，骑行头盔和身体关节部位的护具一定要戴好。冬天要戴保护耳朵和脸的护具。

③ 骑行一定要遵守循序渐进的原则，先短途，再长途，逐步加大骑行距离。第一次骑行以单程不超过 15 千米为宜，体质比较好的可以根据身体情况酌情增加。

④ 刚开始的几次骑行，最好能有熟练的骑手陪同。他不仅能传授一些经验，另外还能够对一些突发情况做出正确的应对措施。

⑤ 准备足够的水，骑行对身体水分的消耗很大，必须随时补充水分。

⑥ 如果路途比较远，建议带些补充能量的食物，最好是能量大、体积小、便于携带的食物。骑行对体能需求也比较大，如果不及时补充能量的话，有可能出现头晕乏力等症状。

⑦ 骑行之后可能会出现腿部肌肉酸痛、手掌麻木等症状，一定要好好休息，做好运动后的调理工作，不宜在症状消失之前再进行下一次骑行。

7 游泳既减压，又增强心肺功能

在我们身边，许多教师都是游泳高手。事实上，游泳不仅是夏季消暑较好的运动方式，而且具有很好的养生保健作用。

游泳能消除多余脂肪

人在水中游泳时，会使身体热量大量产生，机体能量的消耗也更大。为了维持机体的平衡，身体需要动员大量的贮备能源物质加速分解，补充运动消耗和散失的热量。另外，游泳过程中身体受到冷水刺激，还会反射性引起甲状腺素分泌增加，分泌甲状腺腺素可达到减肥及保持正常体重的目的。

游泳能降低血浆胆固醇浓度

游泳锻炼可促使血浆中高密度脂蛋白的含量增加，高密度脂蛋白是胆固醇的“克星”。它不仅参与胆固醇的逆向运输，促使血浆胆固醇返回肝脏去转化利用，而且当它的含量足够多时，还能使已经沉着在动脉壁上的胆固醇剥离下来，从而起到调节血浆胆固醇浓度的作用。

游泳能增强心血回营的功能

游泳时，水波对皮肤、血管有拍打挤压的“按摩”作用，有利于静脉血液回流，促使血液循环加快，这对心脏工作极为有利，可减轻心肌负重，有助于改进心肌的循环功能和营养供应，使心肌更发达，收缩更有力。

游泳能治疗慢性疾病

慢性关节炎患者在水中锻炼，利用水的浮力，使双腿的关节部位屈伸自如，处于放松状态，使之轻松舒适地得到锻炼，比慢跑疗效更好。哮喘病患者也可以从游泳中得到益处，宜选择水面空气新鲜、湿润，没有刺激性或其他引起过敏的物质的泳池，只要控制好水温，患者在游泳时是不易诱发哮喘病的，还可防止因其他运动引起的支气管痉挛。

8 登山有助身心健康，让身体吸饱氧

节假日约上三五好友或同事，到野外进行登山是一个不错的选择，不但锻炼了身体，而且疏解了情志，使所有的生活烦恼和工作压力一扫而光。

登山有什么好处

登山对身体有很好的锻炼作用。登山可增强呼吸、循环系统的功能；登山时心率增加，心血输出量增加，可提高心血管系统的功能；登山运动还可以使呼吸加深；登山对神经系统、消化系统的作用也较为显著。有的神经衰弱患者通过登山锻炼，症状消失；食欲不振的人通过登山锻炼，可以吃得香，使消化系统的功能也得到增强。在登山过程中，由于活动量增大，周围组织对氧的需求量增大，血液循环必会得到改善，血液的流速加快，还可降低血液黏度，减少血栓的形成，从而预防中风、心肌梗死等疾病的发生。

登山要根据身体状况

在计划登山前要做必要的身体检查。患有各种心脏病、高血压、慢性支气管炎、肺气肿、贫血等疾病的人，或患有其他严重慢性病，如活动性慢性肝炎、肝硬化、肾炎、肺结核及急性感染并伴有发烧症状的人，都不宜参加登山活动。

登山要量力而行

中老年及患有轻度慢性病的人，要根据自己的体力和时间，妥善安排登山计划，如果爬不到山顶，就不要勉强；也可分段进行，中间休息几次，不要把自己搞得筋疲力尽，以免影响后面的活动。

登山前的物品准备

登山不宜穿皮鞋、高跟鞋、塑料底鞋或裸露足跟、脚趾的凉鞋，应选择穿旅游鞋、球鞋、胶鞋或胶底布鞋。这类鞋轻便、柔软、有弹性，适合走在崎岖不平的山路。鞋的尺码要合脚，可以保护脚在长途行走时不受外伤。再准备一根手杖，走山路时会有帮助。如果行程较远，上山前应携带足够的水、食物和水果，带上备用衣物，以及一些处置外伤用的必备药物，如消毒纱布、急救包、三角巾、止血纱布、防蚊油、清凉油等。

9 抽空做几个伸展操，健身又瘦身

许多人认为只有汗流浃背的运动才有减肥的功效，其实并不是这样。平日抽空做一下这些简单的伸展动作，也能达到健身瘦身的效果！

| 举手弓步操 |

双脚呈弓箭步站立，肩膀放松，脊柱垂直，盆骨中立，双手轻轻扶在弯曲的膝盖上。下半身姿势不变，双手慢慢由前往上举起并伸直，停留 4~5 个呼吸，换方向继续做动作。这个动作可以伸展胸大肌及手臂肌肉。

| 体侧伸展操 |

双脚呈弓箭步站立，肩膀放松，脊柱垂直，盆骨中立，双手叉腰。然后向上方伸直并继续延伸，停留 4~5 个呼吸，左右换边。这个动作可以伸展身体侧边的肌肉群。

| 椅子手臂操 |

稳定上半身，双手扶在椅子两侧，膝盖弯曲，身体下蹲，做准备动作。手臂伸直，使身体向上移动，重复动作 8 次。这个动作可以锻炼你的肱三头肌，同时可以锻炼腹部肌肉。

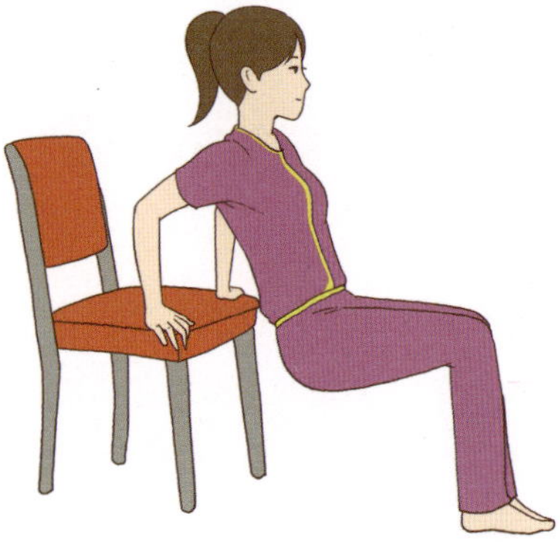

4 | 扶椅翘臀操 |

身体自然站立，双手扶在椅背上。单腿屈膝，向上抬起，脚尖往下压。单腿屈膝抬起后，将腿往后伸展，同时带动身体微微向前倾，左右各重复 8 次。这个动作可以锻炼腿部的膝关节与髋关节。

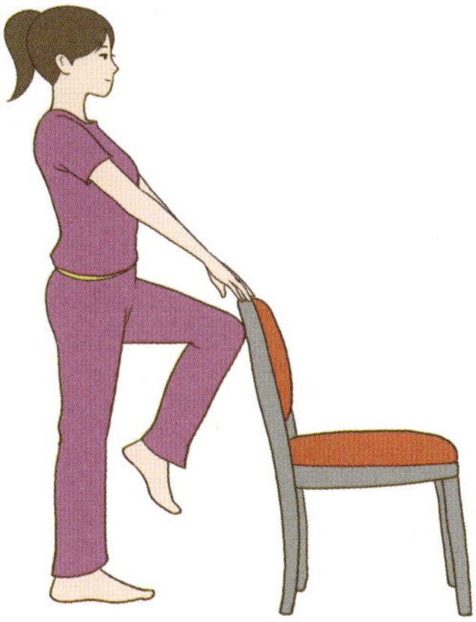

5 | 坐式美腹操 |

双腿膝盖并拢，坐在椅子前端 1/3 的部分，双手自然垂放在椅子两侧。腹部用力，向上抬起双腿，同时身体微微往后倾，但不靠在椅背上。重复动作 8 次。抬得越高，强度越大，越能够拉伸腿部和背部肌肉。

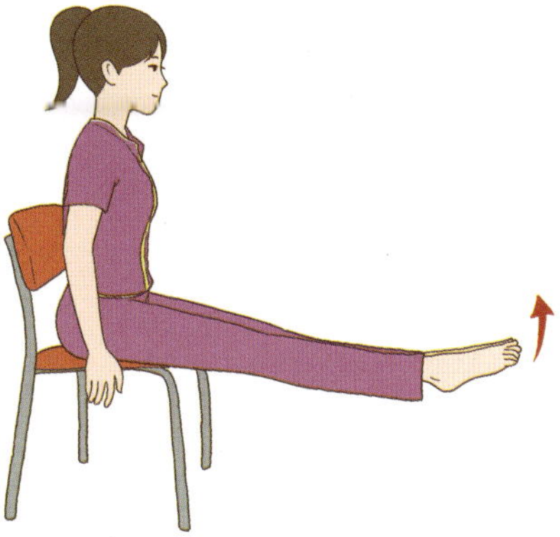

6 | 侧面拉伸操 |

双腿自然分开，与肩同宽，双手平举于身体两侧，肩膀放松。上半身重心向右平行移动。身体向右侧弯曲，用右手轻轻碰到膝盖，然后至脚踝再到地板，可依自己的体能选择合适的强度。停留 4~5 个呼吸，再换到左边进行统一的拉伸动作。

10 办公室减压操，教师的必学“技能”

无论是精神上的紧张、压力，还是身体的某个部位紧张，都可以通过一些小的健身动作来得到缓解，并且这些动作不受环境的限制，也不会影响其他人，所以不妨记住这些适合在办公室做的减压健身操。

1

有氧呼吸操

深呼吸的有氧呼吸操。身体直立，自然放松，右手轻按胸部，左手轻按腹部，连续深呼吸 20 次，然后双手交换位置，再做一遍。这样可以有效消除情绪紧张，释放压力。

2

提耳揉头操

用双手轻轻捏住耳朵，由下至上提耳朵 10 次，然后吸气呼气 5 次，再用双手按住头顶，由下至上轻揉 20 次，这个动作有提神醒脑的效果，能促进头部血液循环。

3

眨眼操

在眼睛疲劳时不妨做做眨眼操。用眼两小时后，紧闭双眼 5 分钟，睁开眼睛看看远处的风景，再快速连续眨眼 20 次，有助于舒缓眼睛疲劳感，放松大脑神经。

4

揉脸操

每天经常对着电脑，辐射很大，脸部肌肉也容易变得僵硬，不妨做个揉脸操来改善面部的血液循环。先将两手搓热，然后双手掌在面部轻揉，直到脸感觉发热为止，最后拇指按住太阳穴轻揉 20 次即可。

5

拍肩操

长期伏案工作，肩部很容易疲劳，老师们不妨练练拍肩操。身体直立，甩动双臂，一只手掌拍打肩部，同时用另一只手拍打背部，两手自然交替拍打，约 5 分钟即可。此操能有效缓解手臂麻木和颈肩腰痛。

6

转脖子操

转脖子运动，不需要大幅度的动作，不妨试试。自然坐立，将双手放在大腿上，肩膀放松，头部左右运动，眼睛也随着头转动，连续做 20 次，能有效缓解颈部疲劳感。

7

转身展臂操

喜欢大幅度运动的老师最适合转身展臂操。身体坐在椅子上，右腿叠压在左腿上，上身右转，右臂自然伸展至身后，左手屈肘，连续做 10 次，然后双腿双臂交换位置，再做 10 次。

8

拍掌操

拍掌操，两脚自然开立与肩同宽，双臂高举过头，双手朝头顶方向拍击，然后再慢慢分开，连续做 2 次即可。

9

按腰操

按腰操同样适合在办公室内做。身体放松，自然直立，双手按腰向下至臀，从上到下按压，配合均匀的呼吸，做 10~20 次即可。这个动作能舒活筋骨，促进身体血液循环。

10

拍腹操

爱动的老师一感到疲劳时就可以做做拍腹操。身体坐直，紧闭双眼，双腿并拢，找到肚脐下 1 寸（约 3.3 厘米）的位置，然后用双手轻轻拍打，配合深呼吸，大约 5 分钟就可停止。此运动能放松身心，缓解便秘。

11

按腿操

压腿操能缓解久坐疲劳造成的下肢麻木，经常久坐的老师们不妨一试。弯腰低头，双臂自然垂于胯下，用掌心拍打膝盖外侧大约 20 次，或者自然坐在椅子上，用双手按住膝盖两侧，轻揉 5 分钟即可。

11 老教师不妨学学太极拳

太极拳是介于动养生和静养生之间的一种绝佳的运动，老少皆宜，随处可练。太极拳虽千变万化，但万变不离其一。所谓一，即太极阴阳合而为一。它刚柔相济，动静相兼，调和阴阳。太极拳有以下几个特点：

01 外动内静

太极拳的优势在于借助外动引动内静，最终达到形神合一的境界。由于太极拳有一套系统的导引，所以易于敛神，对放松大脑、增强意识活动具有一定的优势。

02 气和神宁

太极拳是通过四肢运动贯通经气血脉的运动，在锻炼过程中是以腹式呼吸带动胸式呼吸，从而达到气运丹田、脉通全身的作用的，因而心、肺能得到充分的休息和调整。这就要求在打太极拳时，须以腹式呼吸为主才不致增加心、肺负荷。

03 轻灵松活

太极拳的又一重要特点是轻灵松活，锻炼日久，可使形体变轻而能健康常在。所谓轻灵，即要有“牵动四两而拨千斤”的巧劲；松，即“松如走鹤”；活，即“活似车轮”。其要旨为“不紧不慢才是松”。轻灵松活的太极拳锻炼对调和肝脾有很大的好处。

当然，练习太极拳需要有专人指导。但只要能够持之以恒地练习，就能达到强身健体、延年益寿的目的。

PART 4

好习惯，坚持下去就是健康

对于任何人来说，健康都是最重要的，教师也不例外。没有了健康，其他的一切，如财富、名誉、地位等都是浮云。想要身体健康，必须要养成良好的生活习惯，针对教师这一职业，本书介绍了许多相关且非常简单的“好习惯”供教师们学习。好习惯只要持之以恒，健康就会随之而来。

1 多做自我保健的“小动作”

头颈部保健“小动作”

头颈部是人体最重要的组成部分之一，每天坚持做头颈部自我保健“小动作”，能收到祛病强身的效果。

| 五指梳头 |

张开五指如梳，单手或双手并用均可，从前额发际处向后，经头顶梳向头发后际，先慢后快，每次 5~10 分钟，每天 2 次。它集梳发、按摩头部、推拿穴位于一体，只要持之以恒，就有利于生发、乌发、明目。

| 揉捏耳郭 |

人体的经脉与耳朵有密切联系，每个脏器在耳部都有代表区，一旦某个脏器有病了，该脏器的代表区就会有反应点。每天 2 次捏耳郭 10~20 次，刺激耳郭上的穴位，就能达到有病治病、无病强身养生的目的。

| 叩齿运舌 |

每天叩齿 2 次，即上、下颌牙齿轻轻叩击，每次叩 1~2 分钟，可健齿、固齿、强肾。叩齿后即运舌 2~3 分钟。其方法是用舌舔牙齿，有意识地将舌体前后、上下、左右反复搅动，并咽下津液。这样能改善口腔内的血液循环，增进食欲，有益健康。

| 搓面鼓腮 |

每天搓面 2 次，即用手上下反复搓擦面部 10~20 次，使皮肤发红，然后反复鼓动两腮，坚持锻炼，可使面部皮肤保持张力，防止脂肪在下巴颏和面部堆积，有利于面部防皱及美容。

| 旋转眼球 |

祖国医学认为，眼睛与人体各经络联系紧密。因此，每天旋转眼球 10~20 次，可促进血液循环，有明目健身的作用。

| 摆头点头 |

整个头部从左到右，再从右到左来回摆动 10 下，然后再进行上下点头 10 下，这是预防颈椎病的有效方法。

肩部保健“小动作”

以下这套肩部健美操只需 5 分钟，对保持肩关节功能、防治肩关节慢性病，特别是常见的肩关节周围炎，有较好的效果，尤其适合那些工作较忙、抽不出时间锻炼的教师。

1 | 迈步后伸臂 |

直立位，体侧对着桌边和窗台，一手握拳支撑桌面或窗台，肘关节伸直。手固定不动，两腿向前迈一步，身体随之前移，使肩关节被动牵拉后伸。

2 | 下蹲后压臂 |

背靠桌边或窗台边站立，两手握拳支撑在桌上或窗台上。两手及上身不动，屈膝下蹲，使肩关节被动向后上方抬起。

3 | 下蹲上举臂 |

离桌子或窗台一臂，面对桌子或窗台站立，上臂伸直，手放在桌上。让手及上身不动，屈膝下蹲，使肩关节被动向前上方抬举。

4 | 下蹲外展臂 |

距桌或窗台约一臂处侧身站立，上臂伸直，掌侧放在桌上或窗台上。手不动，屈膝下蹲，同时上身稍向内侧倾斜，使肩关节被动外展。

5 | 转体内旋臂 |

站在门框旁，屈肘，将左手放在门框内侧。手及前臂不动，身体左侧旋转，使肩关节被动内旋。

6 | 转体外旋臂 |

站在门框旁，屈肘，将左手放在门框外侧，手及前臂不动，身体向右侧旋转，使肩关节被动外旋。

背部保健"小动作"

许多教师经过较长时间的工作后，常常会感到背痛，而且许多教师由于长年累月不正确坐姿的缘故，导致背部微弯不能挺直，从而影响到自己的形体美。因此，教师必须注意自己的背部锻炼。

01 环绕锻炼

这一锻炼方法有助于减轻背部上方与肩膀肌肉的紧张。

锻炼方法： 坐在没有靠背的凳子上，将双脚平置于地上。双手置于肩膀上，同时手肘向上与向前绕圈，要以最舒适的方式尽可能地绕大圈，尽量贴近双耳。同时，身体的其他部位要保持正直，不要因为肩膀僵硬而弓起背。

注意事项： 在锻炼的过程中，要有韵律地呼吸。手肘每绕一次圈时，肩膀都要离开双耳，重复 8~10 次。

02 侧弯锻炼

这一锻炼方法有助于伸展体侧肌群。

锻炼方法： 站立，双腿张开，与髋部同宽。左手叉腰，右手上举，身体向左侧侧弯，维持 20 秒；改右手叉腰，左手上举，身体向右侧侧弯，维持 20 秒。

注意事项： 侧弯时深呼吸，恢复姿态时则吐气。每次重复以上动作 8~10 次。避免为了增加运动幅度而踮起脚尖，否则会造成反效果。

03 回旋锻炼

这一锻炼方法有助于增强上半身的躯干与肩膀的灵活度。

锻炼方法： 双脚直立张开，与髋部同宽，使膝盖保持柔软，手臂与手掌伸展，与肩膀同宽、同高，收缩腹部的肌肉，并收紧臀部，维持下髋部正对着正前方。同时，眼睛注视着左手指尖。肩膀与手臂尽可能地往左绕，使右手弯曲，横过胸部，维持这姿态数秒钟。回到中心点，然后再往相反的方向弯曲。

注意事项： 在身体向左或向右旋转的时候呼气，而在恢复中心的时候吐气，重复以上动作 8~10 次。

腰部保健“小动作”

以下“小动作”对腰部保健非常有益。前 4 组动作能伸展腰部的肌群，长期练习可改善不良姿态；后 2 组动作可以放松、锻炼背部肌肉，增强脊椎力量，预防各种腰背疾患。

1. 两脚分开站立，与肩同宽，一臂上举，另一臂下伸，身体向侧拉伸，上臂尽量向远伸，抬头挺胸。

2. 下肢不动，身体恢复直立，上臂屈侧展，手握拳，肌肉紧张，下臂伸展，两肩尽量打开，收腹收臀。

3. 两脚并拢伸直站立，双手分开向后（可扶墙），头和躯干向后屈，抬头挺胸，两肩放松。

4. 下肢不动，双手扶墙，头和躯干由后向前屈，低头弓背。

5. 双手高举，十指交叉，双脚分开站立，与肩同宽，随后徐徐侧弯腰，弯至极限，静止10秒，然后换方向。重复5次。

6. 呈自然坐姿，双肘弯曲，双臂侧平举，双手握拳，拳心向下，含胸、低头。随后，抬头、挺胸，做扩胸运动。重复10次。左、右脚交替向头部伸展屈下，膝盖保持挺直，连续做12次。

手部保健“小动作”

教师常常要运用手部来工作，如批改作业、写粉笔字等，因此，在紧张工作的同时，教师应该特别注意手部的锻炼。以下推荐几个手部锻炼的方法：

1

对压转腕

这一锻炼可以舒筋活络，宽胸理气，使头脑清醒。

屈肘，双手当胸，拇指在内，十指相对，以螺纹面相接触，做有节奏的推压，幅度由小到大，可做 4~8 次。然后十指相叉，各指自然夹持，不要用力。转动腕关节 4~8 次。每天早晚各 1 次。

2

松指甩腕

这一锻炼可以活血化瘀，滑利关节，健脑安神，消除疲劳。

双臂肘关节自然屈曲，腕、掌、指各关节放松，腕关节自然下垂，然后有节奏地上下甩动腕、掌、指关节 4~8 次。每天早晚各 1 次即可。

3

擦掌热背

这一锻炼可以活血化瘀，滑利关节，健脑安神。

双手掌相对，用力擦热，再擦热手背。每天早晚各 1 次即可。

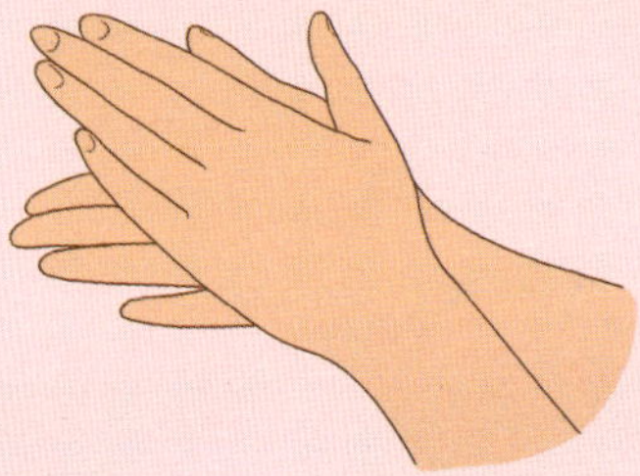

4

捻拔十指

这一锻炼可以滑利关节，活血化瘀。

以左手拇指、食指捻搓右手各指并稍用力拔伸，各 1 遍。左右交换。每天早晚各 1 次即可。

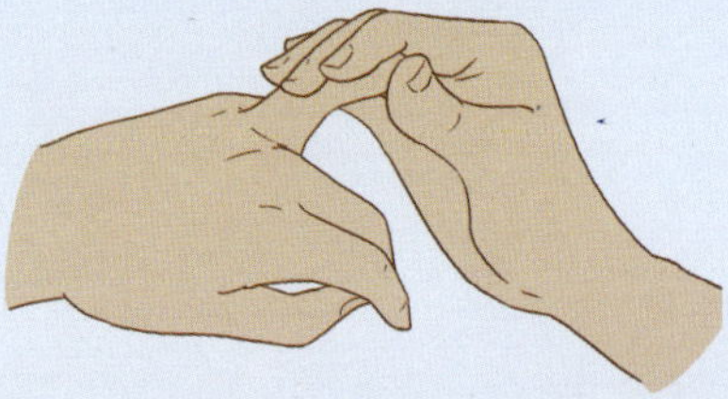

5

弹伸十指

这一锻炼可以益气活血，健脑益智。

手握空拳，依拇指、食指、中指、无名指、小指的顺序，依次弹伸搁置。弹伸拇指时，可以食指压之；弹伸其他各指，均以拇指压之。左右手同时进行。力量由小到大，速度均匀和缓，自然呼吸。每次4~8次。然后双手紧握拳，用力快速弹十指，十指尽量背屈，呈荷叶掌。如此，连续4~8次。每天早晚各1次。

6

叉压动腕

这一锻炼可以舒筋活络，滑利关节。

双手平行，手心向下，两手指尖朝上，相互交叉入指缝中，至各指缝与手指紧贴，以肘、腕稍用力，压指，压手背，使手指的近节、中节、远节、掌指关节以及腕关节有节奏地背屈。动作要和缓，不要用爆发力，幅度由小到大，自然呼吸。每次做4~8次。然后两掌相对，保持叉指状态，各指自然夹紧，不要用力，活动腕关节4~8次。每天早晚各1次即可。

7

虎口相擦

这一锻炼可以通络和血，健脑益智。

两手拇指、食指张开，呈十字交叉状，左、右手相对，两手稍用力，同时做一正一反、一反一正方向的有节奏的虎口相对撞擦，可连续做8~16次。

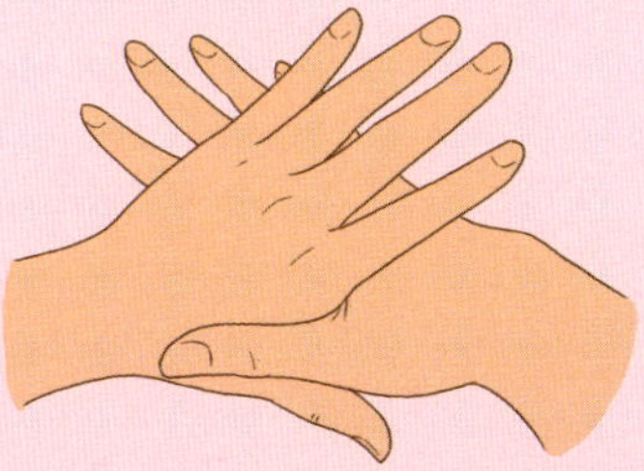

8

切按指尖

这一锻炼可以醒脑安神，滑利关节，活血化瘀，宽胸理气。

以一手拇指指甲缘轻轻切按各指尖端，每指8次，左右交换。也可相互撞击各指尖8次，每天早晚各1次即可。

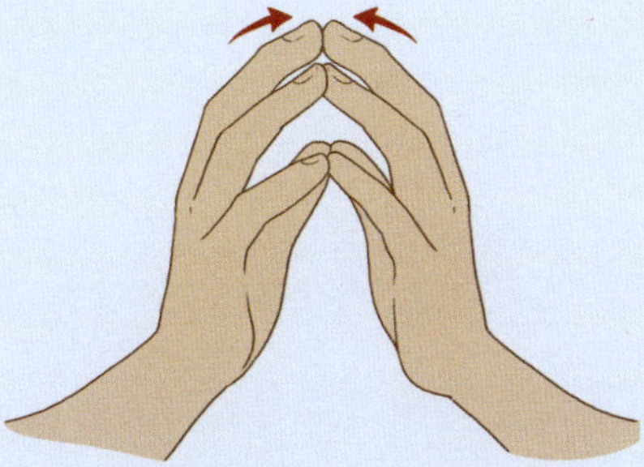

腿部保健“小动作”

教师属于久坐和长时间站立的人，因此，在工作之余也要经常锻炼腿部，以下就是几种腿部锻炼的好方法。

1

叩打臀部

这一锻炼可以伸展大腿股四头肌。俯卧位，两手相持于颏下，用左足跟轻轻叩臀部 10 次，再换右足做 10 次。

2

两腿交叉

这一锻炼可以使大腿变瘦。直体仰卧，像骑自行车一样，两腿交替踏动做 40 次。以后速度逐渐加快，次数可增至 150 次。

3

上下运动

坐在椅子上做简单腿部运动，能达到使大腿前部股四头肌紧缩的效果。坐在椅子上，全身放松，缓慢地将双腿抬平，再缓慢地落下。反复 10 次。

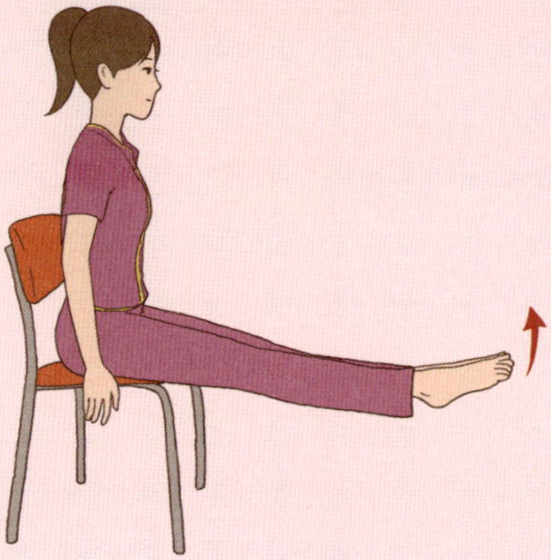

4

单腿旁开

这一锻炼可以使大腿侧面变瘦。仰卧位，尽量使腿向外侧展开，再缓慢还原。左右反复各做 10 次。在锻炼的过程中，背部不要离开地面。

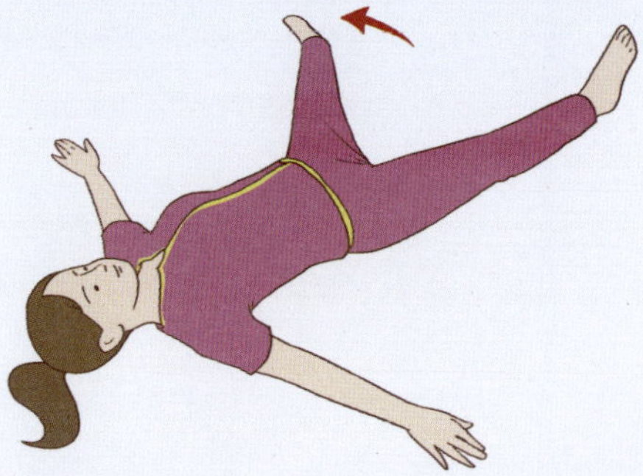

5

踮起下压

脚的前端置于高起的平台上，脚尽量往下压。然后小腿用力向上踮起，令整个人提高。有节奏地重复这套动作，做 20~30 次，尽量使劲踮起、下压，做到有点酸痛效果更好。可以一只手扶支撑物上，以保持平衡。

6

脚掌下压

躺在地上，脚向上伸直，与身呈 90°，以一条长形毛巾跨过脚背，两手伸直，脚尖踮高。两手用力将毛巾压下，脚掌也同时压下，保持手部与脚部伸直。重复这套动作 40 次，便能收紧小腿。

7

拍打小腿

坐在地上或床上，将一只脚抬高成直角，以拳头拍打小腿，每边可做 5 分钟。节假日也可先浸浴，浸浴后对小腿进行拍打，效果更佳。

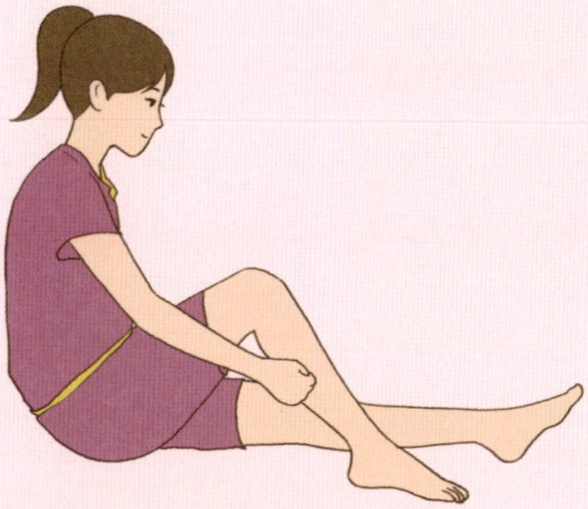

8

交替踏步

这一锻炼可以使大腿变瘦。直体仰卧，像骑自行车一样，两腿交替踏动做 40 次。以后速度逐渐加快，次数可增至 150 次。

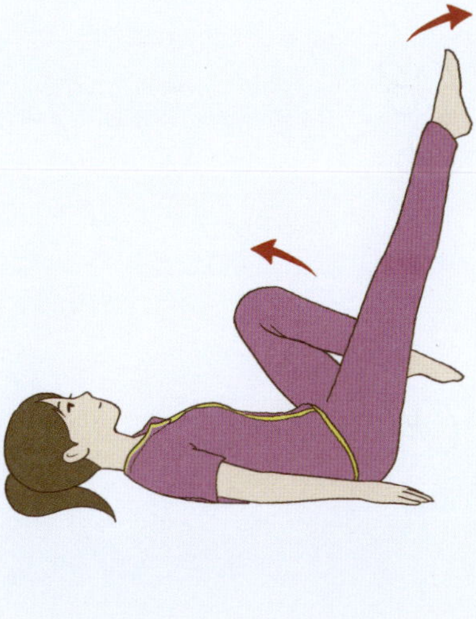

2 保护嗓子的“四大保健法”

教师每天上课都要讲很多的话，嗓子很容易沙哑、受到损害，因此在日常生活中要注意保护好自己的嗓子。

01 打哈欠

长时间用嗓子或是高声说话时，主要工作的喉肌会随着使用程度加深而变得高度紧张，而且肌肉组织会处于紧绷的状态，打哈欠可以帮助喉肌放松下来。打哈欠的时候最好配合伸懒腰和深呼吸的动作，因为这样可以帮助呼吸量达到最大，喉肌的放松效果会更好，同时也有利于肌肉内氧气量的快速补充。一般打 3~5 个哈欠加伸懒腰就有很好的放松效果。

02 揉喉咙

可以用食指和拇指，按在喉结两侧的肌肉上，两个指头各自旋转式地轻轻地按揉 3 分钟左右，可以起到缓解喉肌和咽部肌肉过度紧张的作用。

03 敷毛巾

咽喉部感觉不太舒服时，可以用温热的毛巾在喉结上敷 3~5 分钟，可以帮助喉部肌肉的血液进行快速循环，从而起到加速喉肌恢复精力的目的。

04 咽唾液

除了打哈欠、伸懒腰、敷毛巾，还可以做一个最简单、最隐蔽的动作——咽唾液。这个动作可以让喉肌一张一缩地运动，就好像做按摩，帮助它尽快恢复原来的“体力”。

3 无论课程多繁忙，切勿“憋尿”

有些教师的课程排得很满，上完一节课可能没有休息就继续上下一节课了，这样很容易发生憋尿的情况。憋尿有害身体健康，教师们无论多忙，都要抽空上趟厕所！

| 损伤膀胱功能 |

若经常有意识地憋尿，会使控制膀胱收缩的神经功能发生紊乱，使膀胱逼尿肌张力减弱，导致排尿困难，引发尿潴留。

| 引发尿路感染 |

尿液长时间滞留体内，有细菌的尿液不能及时排出，容易诱发膀胱炎。若细菌上溯还会引起尿道炎、肾盂肾炎，甚至影响肾脏功能。

| 引发前列腺炎 |

憋尿让膀胱过度充盈，压迫前列腺，加重前列腺液的淤积，容易导致前列腺疾病发作，使患者出现尿频、尿急、夜尿多、尿痛，会阴、睾丸疼痛等症状。

| 诱发膀胱癌 |

尿液经常长时间停留在膀胱，当中的有毒有害物质长期刺激膀胱黏膜上皮细胞，有可能诱发膀胱癌。排尿次数越少，患膀胱癌的危险性就越大；有憋尿习惯的人，患癌概率比一般人增加 3~5 倍。

| 诱发排尿性晕厥 |

排尿性晕厥又称小便猝倒，主要表现为排尿时因意识短暂丧失而突然晕倒。憋尿太久突然排尿，容易导致神经过度兴奋，同时膀胱排空过快，腹腔压力不足，血液往下走，会导致血压降低、心率减慢、脑供血不足，进而导致排尿性晕厥。其可能还会诱发其他疾病，比如心脏或者血压疾病等，严重甚至导致猝死。

4 伏案备课批作业，千万别跷“二郎腿”

许多教师在伏案备课批作业时，喜欢跷二郎腿。跷二郎腿给人一种放松感和舒适感，跷二郎腿让人觉得舒服。但是经常跷二郎腿的危害你知道吗？

1. 长时间跷着二郎腿坐会妨碍腿部的血液循环，会造成腿部静脉曲张，还会出现下肢麻木。

2. 跷二郎腿会使上位腿受力不均，向内偏斜，可能形成O形腿。

3. 女性跷二郎腿会导致局部温度升高，形成温暖潮湿的环境，会引起致病菌类的大量繁殖，引起阴道炎等妇科疾病。

4. 跷二郎腿会使大腿内侧及生殖器附近温度升高，对男性来说，温度过高会损伤精子，所以会影响男性生殖健康。

5. 跷二郎腿会导致血液循环不顺畅，使回流心脏和大脑的血液不通畅，这会诱发心脑血管病。

6. 跷二郎腿会增加膝关节内部结构的压力，使软骨营养不足、磨损增加，会增加患骨关节炎的风险。

7. 常跷二郎腿很容易造成腰椎与胸椎压力的不均分布，容易伤到脊椎。

5 6招找回丢失的睡眠

许多人抱怨在夜里醒来无法再入睡，对此，他们常用的方法是吃安眠药，但是这一方法是失眠症研究人员最不提倡的。近年来，医生和有关研究人员经过努力探索，提出了6个自我克服失眠症的方法。

不要补觉

不管你在夜里睡得好不好，都要在第二天早上按时起床，即便是周末也不能试图补觉，因为这种做法对克服失眠没有好处。

不要养成赖床的习惯

只有真的感到困了时再上床睡觉。如果你在床上躺了15分钟还不能入眠，那就起来做些简单而轻松的事，例如看看书、听听音乐等，有了困意再上床睡觉。

睡前要让心情平静下来

忙完了一整天的课程后，教师应该让自己的心情平静下来，停止思考白天工作的事情，让自己彻底放松，可以帮助入睡。

睡前不喝咖啡不抽烟

咖啡、可乐和巧克力都含有使人兴奋的咖啡因，因此睡觉之前不要食用这些东西。此外，抽烟也容易使人兴奋，因此一定要改掉睡觉之前抽烟的习惯。

睡前不饮酒

有些人喜欢睡觉之前喝点酒，以为这样可以帮助睡眠，其实这是错误的。因为酒精抑制了你的中枢神经，也破坏了你的睡眠，过几个小时后，由于酒精的刺激你还会醒来，并会感到头痛。长期下去对你的健康有百害而无一利。

晚间散步

长期患失眠症的人可以在晚间散散步，地点最好选择居家附近，距离不要太长。散步可放松肌肉，使身体发热，通常当体温降下来时，人也就会感到困乏，想睡觉了。

6 肺部保健的“静坐呼吸法”

加强肺部呼吸功能，可改善全身供氧，提高免疫力。静坐呼吸法就是一种很好的肺部保健运动，也非常适合教师朋友们。静坐呼吸法的具体步骤如下：

◆将双手平放在膝盖上，腰身坐直，轻闭双眼。先慢慢地从鼻腔吸气，使肺下部充满空气，同时使下腹部轻轻鼓起，并有意识地设想吸入的气流已达到并聚积在下腹部（即气感）。在吸气过程中，由于胸廓向上抬，横膈膜往下移，胸腔充气，使气感达到肺的上部，并使之扩张到最上边缘。这个过程需要五六秒钟。

◆接着保持气感 5 秒钟（通过练习能达到 10 秒钟或 10 秒钟以上），使肺部有时间吸收所有氧气。

◆然后慢慢地吐气，肋骨和胸腔又渐渐恢复到原来的位置。在开始下一次吸气之前，暂时停顿 2、3 秒钟，再重新吸气。反复进行这样的动作 10 次即可。只要每天练习，就能加强肺部呼吸功能。

静坐呼吸法是从古代的吐故纳新、导引和静坐等养生功中提炼而成的。中医认为：“诸气皆属于肺，肺是气之本源。”通过姿势调节、呼吸锻炼、身心松弛、注意力及意念集中，静坐呼吸可收到医疗保健的效果。这是因为在深呼吸过程中，肺脏得到了锻炼。此法还可以提高心脏功能，对胃肠道也是一种按摩。

7 每天做一次眼保健操

眼保健操是根据祖国医学推拿、经络理论，结合体育医疗综合而成的按摩法。通过对眼部周围穴位的按摩，使眼内气血通畅，神经得到改善，以达到消除睫状肌紧张或痉挛的目的。眼保健操不仅适用于学生，教师也应该每天做一次。

01 揉天应穴

以左右大拇指螺纹面接左右眉头下面的上眶角处。其他四指散开弯曲如弓状，支在前额上，按揉面不要太大。

02 挤按睛明穴

以左手或右手大拇指按鼻根部，先向下按，然后向上挤。

03 揉四白穴

先以左右食指与中指并拢，放在鼻翼两侧，大拇指支撑在下颌骨凹陷处，然后放下中指，在面颊中央按揉。注意穴位不需移动，按揉面不要太大。

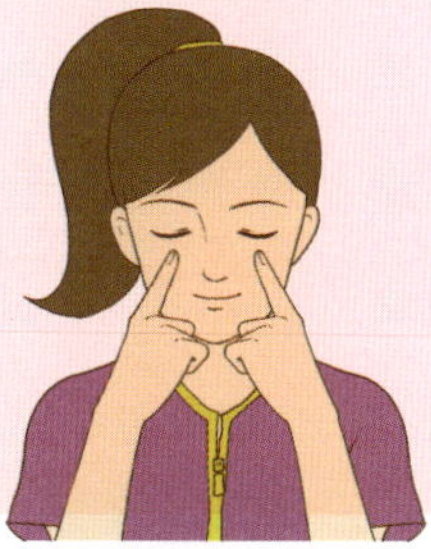

04 按太阳穴 轮刮眼眶

拳起四指，以左右大拇指螺纹面按住太阳穴，以左右食指第二节内侧面轮刮眼眶上下一圈，上侧从眉头开始，到眉梢为止，下面从内眼角起至外眼角止，先上后下，轮刮上下一圈。

8 6个动作防治神经衰弱

随着竞争越来越激烈，教师的工作节奏日趋紧张，精神上容易产生巨大压力，会引起心理反应，经常会有疲劳、过敏等症状和烦躁、易怒、紧张、抑郁、多疑等消极情绪。以下6个动作，帮你防治神经衰弱！

站立，脚尖略分开，脚后跟并拢。如果体力较好，双脚也可以齐肩宽。踮脚，注意身体平衡，双手从两侧举起，手掌互对，臀部紧绷，稍抬起下巴。回到准备状态再做。

站立，脚掌并拢，挺起肩膀。双手伸向背后，大拇指紧握（左手在上面），四指下伸，重心在脚底板上，膝盖弯曲，腹部肌肉紧绷，缓慢前倾，越低越好。双手上伸，让手指指向天花板，回到准备状态，交换手的位置再做。

站立，脚掌并拢，腿和背要直，双手举过头顶，手掌朝内。腹部的肌肉紧绷，缓慢前倾，越低越好。双手上伸，让手指指向天花板，回到准备状态，交换手的位置再做。

坐地，双脚交叉，左脚在右脚上面，背要直，双手也交叉，同样左手在右手上面，膝盖抬起刚好被手背搂住。腹部的肌肉紧绷，缓慢前倾，直到头碰到地面，同时膝盖也随之平放下来。回到准备状态，交换手和脚的位置再做。

四肢着地，重心放在弯曲的右脚上，左脚向后伸直。双手放在膝盖两侧撑地，背弯曲，缓慢把头转向右肩向后看，尽量望向背肌。回到准备状态换方向再做。

面对墙而坐，膝盖弯曲，脚掌着地，双手胳膊肘弯曲，从后面撑地。抬起膝盖贴胸部，伸直双手，双脚伸直上抬，脚掌绷直，眼睛盯着脚趾，让身体尽量贴近大腿，下巴贴近膝盖。回到准备状态再做。

9 偏头疼来袭，教你快速缓解

教师工作操劳、费脑力，偏头痛是一个很常见的症状。当偏头痛来袭，教师们应该如何应对呢？多做做这些小动作吧！

1. 分推印堂穴（位于两眉头连线中点之凹陷处），并从印堂穴推至太阳穴，按揉太阳穴。

2. 多指揉两颞部（头部两侧耳朵上方），并按压头部正中。

3. 多指拿揉头部两侧。

4. 用掌根揉、挤压前额至颞部。

5. 用双食指按压眼部周围。

6. 掌心相对，揉搓至发热敷在眼睛上（眼睛闭上），然后轻缓揉动眼部。

7. 两手相对，用掌侧叩击头部，指端抓打头部。

8. 多指缓揉、点按风池穴（位于颈部耳后发际下凹窝内）。

9. 双拇指揉压肩部。

10. 用双手掌、指端用力顶托颈部。

10 经常按按这些“对症穴”

生气之后，按按“解气穴”（太冲穴）

取穴定位：太冲穴位于足背大脚趾和第二个脚趾之间的缝隙向下，第一和第二跖骨间凹陷处。

按摩方法：按压这个穴位前，最好先用温热水浸泡双脚10~15分钟，再用左手拇指指腹揉按右太冲穴，3分钟后换右手拇指指腹揉按左太冲穴3分钟。反复2~3次，共计10~15分钟。揉按时要有一点力度，以产生酸胀感为宜。

功效：帮助疏泄、消气，缓解人因生气引起的一些疾病。

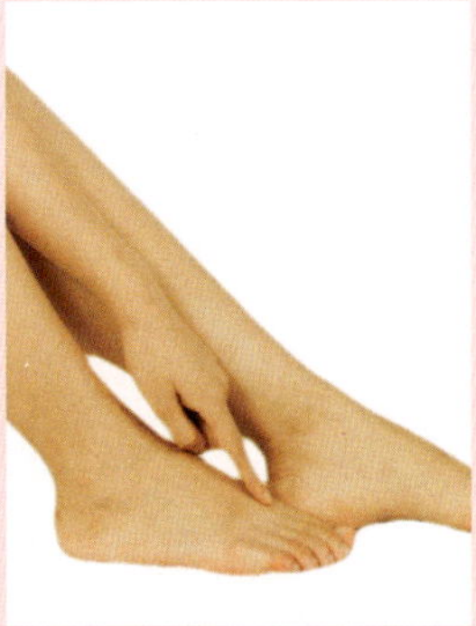

记忆下降，按按“醒脑穴”（百会穴）

取穴定位：百会穴位于人的头顶正中处，即头部正中线与两耳尖连线的交点处。

按摩方法：在按摩穴位之前，要全身放松，摒弃杂念，闭目仰卧在床上。之后用右手拇指外侧或右手掌心，先顺时针方向再逆时针方向按揉百会穴3~5分钟，每晚睡前一次。

功效：经常按按百会穴可以起到清心健脑、行气活血的作用。

头痛喉痛，按按“开窍穴”（合谷穴）

取穴定位：合谷穴是手阳明大肠经的一个重要穴位，位于第一、二掌骨之间，在第二掌骨的中点，桡侧边缘处。

按摩方法：用自己的右手握住左手，右手的拇指屈曲垂直按在合谷穴上，做一紧一松按压，频率约为每2秒一次，即每分钟30次左右。换手同理。

功效：按摩合谷穴对头面上的病，像头痛、发热、口干、咽喉病等都有效果。

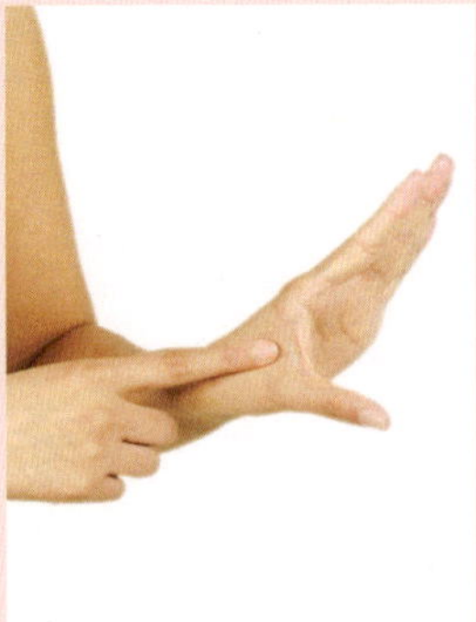

PART 5

好环境，为健康保驾护航

整洁的生活和工作环境是“健康的开始”。空调可以让人感到清爽，但在不知不觉中却破坏了人体免疫力；电脑丰富了生活，方便了工作，但是电脑辐射却会对人体造成无形的伤害。为了自己的健康着想，教师日常生活环境还是个需要引起重视的问题。

1 作为教师，必须了解的环境隐患

人生活在一定的环境中，人体的健康与环境关系十分密切。如果人生存的环境发生了一些改变，比如有一种新的化学物质或固有的物质含量发生变化，超过自然平均含量，必然使得生态系统也发生变化，进而破坏生态平衡。下面简单介绍一下环境污染的危害，重点是大气污染和水污染对人体健康的危害，以及老师在生活中应该知道的健康常识。

颗粒物对人体健康的危害

颗粒物中很大一部分比细菌还小，人眼是无法观察到的，它可以几小时、几天或者几年浮游于大气中。其范围从几千米到几十千米，甚至上千千米。如果长期生活在可吸入颗粒物浓度高的环境中，呼吸系统发病率也会增高，特别是慢性阻塞性呼吸道病，如支气管炎、肺气肿等的发病率会明显增高，且又可使这些患者病情恶化，提早死亡。

二氧化碳对人体健康的危害

二氧化碳是大气中主要污染物之一，是衡量大气污染的标志之一。世界上有许多城市发生过二氧化碳危害人群健康的事情，使很多人中毒或者不幸死亡。二氧化碳浓度达 0.02‰时，可引起咳嗽并且刺激眼睛；如果每日 8 小时吸入浓度为 0.11‰的二氧化碳，支气管和肺部将出现明显的刺激症状，使肺组织受损；浓度达到 0.44‰时，可使得人产生呼吸困难。

汞污染对人体健康的危害

金属汞中毒常由汞蒸气的形成引起，因为汞蒸气具有高度的扩散性和较大的脂溶性，可通过呼吸道进入肺泡，经过血液循环运至全身。血液中的金属汞进入脑组织后，被氧化成汞离子，逐渐在脑组织中积累，当达到一定的量就会对脑组织造成损害。另外一部分汞离子转移到肾脏。慢性汞中毒临床表现主要是神经系统症状，如头痛、头晕、肢体麻木和运动失调等。

氰化物对人体健康的危害

氰化物易被人体吸收，经过口、呼吸道或皮肤进入人体。其经过消化道进入机体，在胃酸解离下，能够立即水解为氰氢酸并被机体吸收，这种物质进入血液循环后，血液中的细胞色素氧化酶的三价铁与氰根结合，生成氰化高铁细胞色素氧化酶，丧失传递电子的能力，使呼吸链中断，细胞窒息。由于氰化物在类脂中的溶解度比较大，所以中枢神经系统首先受到危害。呼吸系统也较为敏感。呼吸衰竭仍然是氰化物急性中毒致死的主要原因。

2 粉笔灰虽小危害大

老师常常需要在黑板上书写进行讲解。45 分钟的一节课里就有好几次擦写，下课时，我们细心观察到老师的手上、袖子上往往都会留下一层白色、粉色的灰。日复一日，年复一年，老师消磨了数以万计的粉笔，不可避免地会从鼻孔、口腔吸入一些粉笔灰。吸入进去的粉笔灰是否致病，是广大教师非常关心的问题。

| 对耳的危害 |

粉笔尘进入外耳道，混在皮脂中，就可形成耳垢栓塞，如果长期如此，会引起耳部炎症的发生。

| 对眼睛的危害 |

眼睛是人体器官中最易受损的器官之一，粉笔粉尘有部分溶于水，产生碱性物质，若教师在教学过程中，粉笔尘不慎落入眼中，产生的碱性物质会刺激眼部黏膜，造成黏膜损伤，形成慢性炎症，还可能诱发近视。

| 对肺的危害 |

粉尘对教师身体的危害，以肺最为常见。在教学过程中，粉笔尘比较容易被吸入肺，多数被阻留在肺泡内，经过一系列的刺激、化学和免疫的作用便可造成肺部损伤，包括呼吸系统炎症和肺通气功能下降，常见的肺部疾病有急慢性肺炎、肺癌（粉笔粉尘中含有二氧化硅，被吸入肺部后，在肺部游离的二氧化硅含量在 1% 以上就会形成肺纤维化的粉尘，从而使肺泡纤维化，导致肺部呼吸功能下降）等。

| 对皮肤的危害 |

教师在教学过程中，粉笔粉尘会不可避免地沾在手上，同时漂浮于空气中的颗粒粉尘会落在教师头发、脸和脖子上，还会对皮肤黏膜有刺激作用。如果夏天暑热遇汗水解，产生碱性物质，对皮肤黏膜的刺激更大。由于人体皮肤所生存的环境为弱酸性环境，这样的粉尘碱性作用破坏了皮肤的基本生存环境，粉笔粉尘使得皮肤变得干燥、粗糙，并且还有瘙痒感，使得人体产生不适，严重的患者还会产生粉刺、大量皮毛脱落，还会影响教师正常的工作和生活。

3 给教室勤通风

经常开窗通风可以保持室内空气流通，新鲜的空气里有充足的氧气，能够促进人体的新陈代谢，对身体健康非常有益处。

保持室内空气新鲜

室内的空气质量跟健康有着密切关系，空气新鲜，细菌的数量也会随之减少，有些细菌在阴暗潮湿的环境中非常活跃，一旦到了空气流通、阳光充足的环境里面就会随之消失。据调查，在不开窗户的房间中，一平方的空间里有 19000 个细菌，开窗通风后只有 5800 个了。由此可见，开窗通风能减少室内的空气污染。

室内所需的新鲜空气量

研究表明，1 个人 1 小时需要 20~30 立方米的新鲜空气，才会感到舒适。1 间 15 平方米的居室，高为 2.7 米，其容积只有 40.5 立方米。室内如果居住着 2 个人，按照每人每小时需要 20 立方米新鲜空气计算，40.5 立方米 /（20 立方米 x2）≈ 1.01 小时。也可以说，在 1 间 15 立方米的居室或办公室里，只要有 2 个人，就需要每隔 1 小时左右换一次气，才能保持室内空气新鲜。

室内不开窗户的不良影响

实际上，一间教室连教师在内有 40 多人，可以试想一下，若不打开窗通风，教室内的空气是多么浑浊。通风不良，势必造成教室中氧气含量不足，二氧化碳等浑浊空气增多，人生活在这种环境中，用不了多久就会出现头昏、头涨、胸闷等现象。

养成开窗通风的好习惯

教师应以科学的态度养成开窗通风的良好习惯，即使在开空调的时候或严寒的冬季，也需要开一点缝隙，这样能让室外新鲜空气源源不断地补充进来。

4 实验室中有哪些污染

实验室是学校进行教学和科学研究工作的场所，各类学校会根据课程、专业的不同，设不同功能的实验室。下面根据实验过程中所产生的污染物的性质不同进行分类。

| 生物类实验室 |

这类实验室会产生各种细菌、致病霉菌、病毒、寄生虫卵等致病因子，其可通过对环境的污染，从而再作用于人体，引起人体感染。

| 物理类实验室 |

这类实验室主要产生振动、噪声，以及各类放射类物质的辐射、废热等。

| 化学类实验室 |

这类实验室会向环境排放有毒化学物质和气体，如汞、镉、铅、砷等重金属，酸碱性溶液，石油化工废弃物及有害气体，如二氧化碳、一氧化碳、二氧化氮、光化学烟雾等。

| 合理处理实验产物 |

实验室常产生一些有毒或具有腐蚀性的废物，这些物质特别是液体不能随意排放到下水道中，以免腐蚀管道，形成污染。污染物应该统一放置于废物缸中合理处理。教师在化学、生物等实验室中可能会接触到某些同位素，实验完毕后，不应该随意乱放，要将其放在专门的房间中至半衰期结束，或者交到相应的部门统一处理。

5 教师如何应对“二手烟”

生活中，许多教师都知道吸烟危害健康，由此自己从不吸烟，但他们并不知道被动吸烟的危害更大。世界卫生组织估算，每年全球有 10 万人因为在办公室吸入二手烟而死于相关疾病。

1

损害心肺

被动吸烟可导致肺癌和心脏病等疾病。最新的一项研究表明，被动吸烟还会使得中风的概率大为增加。目前的研究证明，吸烟者患中风的概率比不吸烟者要大。在新西兰进行的这项研究则专门集中于被动吸烟对身体健康的影响，研究结果表明，经常被动吸烟者得中风的概率高达 80%。

2

诱发癌症

二手烟是香烟、烟斗中的烟草或雪茄燃烧时飘出来的或吸烟时呼出的一种混合烟雾。在许多吸烟的场所中，二手烟是人们常常接触的污染物。抽烟时喷出的烟雾可散发超过 4000 种粒子物质，这些物质大部分都是很强烈的刺激物，其中至少有 40 种会在人类或动物身上引发癌病。

3

损害心血管功能

大量吸入二手烟后，人体血液中高密度脂蛋白浓度下降，而高密度脂蛋白是血液中有益的脂蛋白，如果浓度降低，可影响心血管的正常功能。

4

毒害机体

二手烟所含的粒子是相当危险的，因为在停止吸烟后，这些粒子仍能停留在空气中数小时，可能被其他非吸烟者吸进体内，也有可能和氡气的衰变产物混合在一起，对人体健康造成更大伤害。

6 小妙招“挡”住电脑辐射

几乎很少有教师不使用电脑，甚至在许多学校，每个教师都有一台电脑。此外，教师在自己的家中也经常使用电脑工作、学习和娱乐。教师在开心使用电脑的同时，还是需要重视电脑辐射对人体健康的危害。

电脑辐射对人体的危害

1.电脑辐射会影响到人体的生殖系统，主要表现为男子精子质量降低，孕妇发生自然流产和胎儿畸形等。

2.电脑辐射会影响人体的心血管系统，主要表现为心悸、失眠、心搏血量减少、免疫功能下降，部分女性经期紊乱。

3.由于眼睛是对电磁辐射敏感的器官，过高的电磁辐射污染还会对视觉系统造成影响，主要表现为视力下降，引起白内障等。

电脑辐射的防治

在电脑旁放上几盆仙人掌，可以有效地吸收辐射。对于生活紧张而忙绿的教师来说，抵抗电脑辐射最简单的方法就是在每天上午喝 2~3 杯绿茶，吃一个橘子。茶叶中含有丰富的维生素 A，它被人体吸收后，能够迅速转化为维生素 A。维生素 A 不但能合成视紫红质，还能使得眼睛在暗光下看东西更清楚。因此，绿茶不但能够消除电脑辐射的危害，还能够保护和提高视力。

电脑摆放位置很重要。尽可能不要让屏幕的背面朝着有人的地方，因为电脑辐射最强的是背面，其次为左右两侧，屏幕的正面反而辐射最弱。摆放位置以能够看清楚字为准则，至少也要保持 50 厘米的距离，可减少电磁辐射的伤害。

7 当心办公室“空调综合征”

炎热的夏天和寒冷的冬天，在有空调的房间里工作，对于教师来说是十分惬意的。却不知，空调给人体带来舒服的同时，也会给人们带来一种“疾病”。

空调病的病因

1.过冷的刺激，使得人体皮肤温度出现差别，即四肢的温度低于躯干的温度，手足降温，人体调节温度的能力对此无法抵抗。

2.从温度比较高的室外或其他房间进入有空调设备的房间，温差较大，人体的植物神经系统难以适应，就会容易出现空调病的症状，表现为紧张、失眠等。由于空调房间通常是封闭的，虽说空调系统能够将空气中大部分灰尘和细菌过滤掉，但是空气中残留的细菌仍然会造成一定污染，办公室长时间处于空调环境中，人体的生物节律也会受到破坏，还会造成植物神经功能紊乱。

空调病的症状

空调病的主要症状因个人的适应能力不同而表现出来差异。一般表现为疲乏无力、四肢肌肉关节酸痛，严重者双眼歪斜，原因是耳部局部组织血管神经机能发生了紊乱。

空调病的预防

1.从空调环境中出来到外面，应该先在阴凉的地方活动片刻，在身体适应后再到太阳光下进行活动；长期在空调室内的人，应该多到户外活动，还要多喝开水，加速体内新陈代谢。

2.要经常保持皮肤的清洁卫生，这是由于人经常出入空调环境，冷热突变，皮肤附加的细菌容易在汗腺或皮脂腺内阻塞，还会引起感染化脓，所以要常常洗澡，保持皮肤清洁。

3.空调室内温度与室外的自然温度差异不宜过大，建议控制在5℃内。夜间睡眠时不要使用空调。

4.夏季在空调环境下，不要让通风口的冷风直接吹在身上，这样降温太快容易得病。建议在办公室内多备一件薄外套来保暖。

8 办公桌上放束鲜花好处多

鲜花不仅会给人带来清新的感觉，还会产生新鲜的氧气，人们在工作累了的时候，一看到鲜花，不仅眼睛会得到放松，就连心情也会更好一些。那么在办公桌上放什么鲜花好呢？其实这也是很有学问的，也要根据个人的喜好来选择，最起码能保证自己一看到它就感觉到放松。

人们生活质量的提高也注定了人们对周围环境的品味有了提高，在办公桌上放一些赏心悦目的鲜花也是很流行的，这样可以缓解工作带来的单调和疲惫。

鲜花不仅能使人的心情放松，有些鲜花还能抑制细菌的生长。比如百合、茉莉等，5分钟内就可以杀死白喉菌和痢疾菌等原生菌；紫罗兰、玫瑰等植物散发的香味对结核杆菌、肺炎球菌、葡萄球菌的生长繁殖具有明显的抑制作用。鲜花还可使人放松、精神愉快，有利于睡眠，还能提高工作效率。

9 别让常用电器成为“隐形杀手”

前面所说的电脑辐射易对人体造成伤害、空调容易使人患上“空调综合征”以外，生活中还有许多常用电器若使用不当，都容易对人体造成伤害。

手机

当人们使用手机时，手机会向发射基站传送无线电波，而无线电波或多或少地会被人体吸收，这些电波都是手机辐射。通常来说，手机待机时辐射比较小，通话时辐射大一些，而在手机号码已经拨出没接通时，辐射最大，辐射量是待机时的 3 倍左右。这些辐射有可能改变人体组织，对人体健康造成不良影响。

打印机

打印机，主要是喷墨打印机对人体健康存在一定威胁。由于喷墨打印机喷出的墨汁颗粒非常小，肉眼不易看到，但会飘浮在空气中。若通风不好，这种可吸入颗粒物会对人的呼吸系统造成伤害。此外，复印工作和打印工作都可能导致铅污染。

保持空气清洁，就要注意常常开窗换气，使得空气产生对流，吹走被污染的空气。

洗衣机

在家里使用洗衣机时，有些人习惯把全家人的脏衣服都集中放在一起清洗，若家庭成员有人患有肝炎、皮肤病等容易传染的疾病，就会对家人造成健康隐患。因此，大人与小孩的内衣及外衣都要分开清洗。

电冰箱

近些年来，一种与电冰箱密切相关的耶尔森氏菌肠炎的发病率逐渐上升，患者病前几乎都进食过冷藏食品，这在医学上称为“电冰箱肠炎”。

低温冷藏虽能杀灭大多数病菌，可使食物保鲜和延长保存时间，但在 0℃以下仍能滋生繁殖，污染食物，如果食用未加工的冷藏食品，就有可能发生“电冰箱肠炎”。

10 生活方式不当可能诱发疾病

生活方式就是指人们在衣、食、住、行等日常生活方面所采取的行为。社会进步、经济发展，必然也给人们带来生活上的方便和富足，同时，也带来相关的健康问题。

排名第一位：心脑血管病

这类疾病，有的发生在心脏，比如冠心病（心绞痛、心肌梗死）；有的发生在脑部，如脑动脉供血不足、脑出血等。问题的重点都在血管，就是血管出现动脉硬化，而动脉粥样硬化发生的最根本的原因与高脂血症有关联，且高脂血症的发生，又与人们的生活方式息息相关。高脂血症患者在日常饮食中，往往脂肪摄入过多。

排名第二位：恶性肿瘤

有 80% 的癌症和人们的生活方式相关联。肿瘤学家提出“生活方式癌”这样的命题，就是在提醒人们要注意自己的生活行为。比如，肺癌就与抽烟的关系十分密切；胃癌可能与人们大量摄取含有亚硝酸盐的食物并在体内形成亚硝胺有一定关系。其他癌症的发生，大多数也都与人们的生活方式和行为有密切的联系。

排名第三位：呼吸道疾病

呼吸道疾病中最主要的还是老年性慢性支气管炎、呼吸衰竭等疾病。这些疾病的发生主要还是与抽烟有关系，因此也和人们的生活行为密切相关。

排名第四位：骨质疏松

骨质疏松的发生当然与人体内缺钙有着十分密切的关系，所以，我们还需要注意从饮食上加以调节。总体来说，缺乏含钙的食物易导致骨质疏松，此外，缺乏运动也是导致骨质疏松的原因之一，经常运动就可以减少骨质疏松的发生。人们应该在生活中适当地补钙。

11 收看电视也有健康学问

保护眼睛，是人们在看电视的时候最需要注意的问题。放置电视机的时候，荧光屏顶部高度，一般应与人端坐时的视平线平齐。一般认为，收看电视时的视距，以屏幕高度的 8~10 倍为最佳视觉区；视距为屏幕高度的 6~8 倍，为一般视觉区；视距为屏幕高度的 4~5 倍，为最差视觉区。所以收看 29 英寸（1 英寸 =0.3048 米）的电视机，视距应大于 4 米；收看 18 英寸电视机，视距应大于 3 米。

看电视的时候，亮度调节要合适，对比度调节也要合适，环境光线调配要合理。白天看电视的时候，应拉上窗帘，亮度调高一些；夜晚看电视的时候，在观看者身后的后上方或侧面，要有微弱的灯光，以调节室内亮度。

电视图像的内容是不断变化的，所以在看电视的时候，眼睛很容易出现疲劳。因此，要适当控制连续看电视的时间。看完电视以后，要洗手、洗脸，可以消除电视机的高频辐射对人体面部和皮肤的影响。看电视的时候，要多饮清茶和清水；同时室内要注意除尘和防尘，保持一定湿度，这样做可以减少电视机产生的各种辐射对人体呼吸道的影响。

PART 6

教师常见病，都能科学防治

颈椎病、肩周炎、腰椎间盘突出、慢性咽炎、过敏性鼻炎、胃病、下肢静脉曲张等多发病、常见病，教师如不加以注意，随着时间的累积就会影响身心健康，还会影响到正常的工作和生活。希望教师们以预防保健为主，减少疾病，健康生活。

颈椎病

颈椎病又称“颈椎综合征”，是颈椎骨关节炎、增生性颈椎炎、颈神经根综合征、颈椎间盘脱出症的总称，是一种以退行性病变为基础的病症。其主要由于颈椎长期劳损、骨质增生，或椎间盘脱出、韧带增厚，致使颈椎脊髓、神经根或椎动脉受压，出现一系列功能障碍，引发颈肩酸痛、四肢麻木、眩晕、记忆力下降等多种症状。

症状

● 常见症状

颈背疼痛、手指发麻、上肢无力；头晕、恶心、眩晕、呕吐；视物模糊、吞咽困难、心动过速。

● 其他可能出现的症状

胸闷、心慌、手脚发凉、眼睛疲劳、牙痛、记忆力减退。

小贴士

很多治疗颈椎病的药品含止痛剂或镇静剂。止痛剂主要作用于神经系统，有助于缓解疼痛以及紧张、不安的情绪，不影响其他感觉（如知觉、听觉）及意识清醒，但有些止痛剂经常使用可使人产生依赖性。镇静剂有助于缓解紧张和焦虑，改善睡眠，不影响正常的大脑活动，但有可能引发某些不良反应，也会使人产生成瘾性。

【颈椎病“巧”预防】

● 加强腰腹部肌肉功能并改变用力的习惯。多使用腰部肌肉力量，尤其是起床时，不要用颈椎拖着自己起床。

● 工作期间，每隔 1~2 小时做一次颈椎操：端坐在椅子上，分别做低头、抬头、左转头、右转头、前伸头、后缩头，让头做顺时针和逆时针环绕，用耳垂接近同侧肩膀，用头画“米”字等动作，注意要轻缓。

● 保持正确的坐姿，如果使用电脑，上半身应保持颈部直立，使头部获得支撑，两肩自然下垂，上臂贴近身体，手肘弯曲呈 90°；操作键盘或鼠标，尽量使手腕保持水平姿势，手掌中线与前臂中线应保持一条直线。下半身腰部挺直，膝盖自然弯曲呈 90°，并保持双脚着地。

● 保证充足的睡眠，睡前适当活动一下肩颈部，并按压位于肩膀上的“肩井穴”5~10 分钟，缓解颈部一天的疲劳。

● 选用合适高度的枕头，调整好睡觉的姿势。忌使用过高、过软的枕头或趴着睡觉。

颈椎病 —头颈肩臂上胸痛

拔罐疗法

扫一扫，视频同步学

拔罐要点

起罐后，皮肤如果出现水泡、水珠、出血点、瘀血等，均属正常的治疗反应。水泡轻者只需防止擦破，待其自然吸收即可；水泡较大时，可用消毒针刺破放水，敷以消毒纱布以防感染。

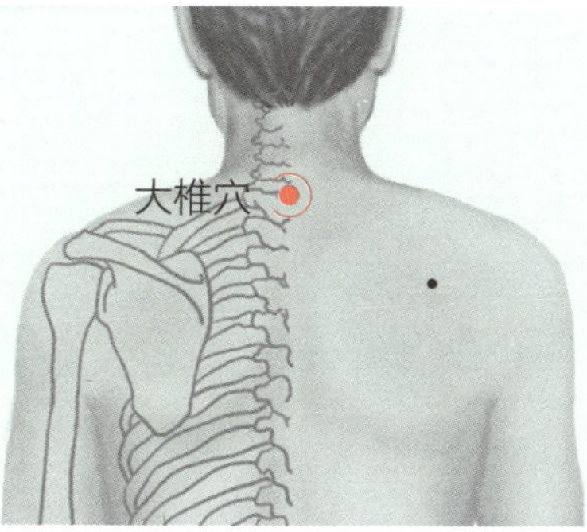

1 找到大椎穴、肩外腧穴、肩井穴，用热毛巾擦拭清洁以上穴区。

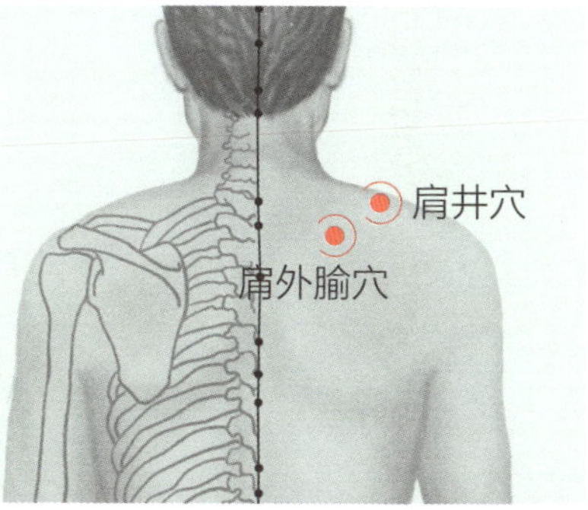

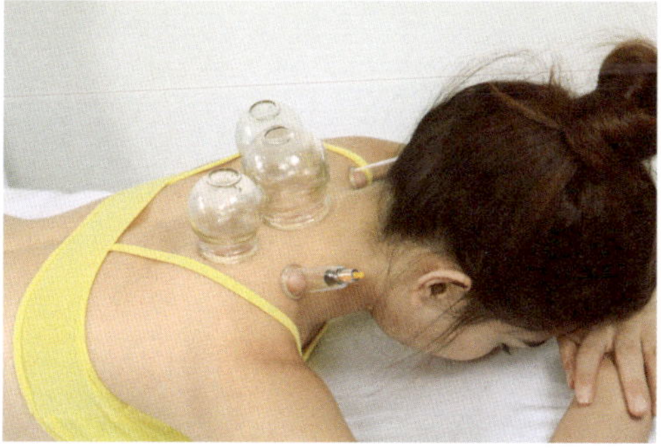

2 右手持罐，左手用止血钳夹住点燃的棉球，伸入罐内旋转一圈马上抽出，将火罐扣在大椎穴、肩外腧穴上，同时用拔罐器将气罐拔取在两侧肩井穴上，每穴留罐 10 分钟。

玉米葛根猪骨汤

材料：玉米 1 根，猪骨 200 克，葛根粉 20 克，去皮马蹄 30 克，盐 2 克，鸡粉 2 克，料酒少许

做法

1 玉米洗净切段；猪骨洗净切块。

2 猪骨装碗，倒入料酒，拌匀，腌渍 10 分钟至去腥。

3 取电饭锅，加入排骨、玉米段、马蹄、葛根粉，倒入清水至水位线“1”，放入盐、鸡粉，拌匀，煮至食材熟软入味即可。

功效

这道汤具有祛风除湿、通络止痛的功效。

绿豆薏米粥

材料：水发绿豆 150 克，水发薏米 70 克

做法

1 砂锅中注入适量清水烧开，倒入备好的绿豆、薏米。

2 盖上盖，烧开后用小火煮约 30 分钟至食材熟软。

3 揭开盖，拌匀，略煮片刻，关火后盛出煮好的粥即可。

功效

这道粥可祛风除湿、通络止痛，有效缓解颈肩不适。

丹参红花陈皮饮

材料：陈皮 2 克，红花、丹参各 5 克

做法

1 砂锅中注入适量清水，倒入红花、丹参，放入陈皮，拌匀。

2 盖上盖子，用大火煮开后转小火煮 10 分钟，至药材析出有效成分。

3 揭盖，关火后盛出煮好的药茶，装入杯中即可。

功效

这道饮品有化痰、除湿、通络的作用，适用于痰湿阻络型颈椎病。

白萝卜木瓜汁

材料： 白萝卜 80 克，木瓜 100 克

做法

1 洗净去皮的白萝卜切成块；洗净去皮去子的木瓜切成块。

2 榨汁机中倒入白萝卜块和木瓜块，注入凉开水，盖上盖，榨约 15 秒成蔬果汁。

3 将蔬果汁倒入杯中即可。

功效

这道蔬果汁可起到补气养血、祛风湿的作用。

山药炒秋葵

材料： 山药 150 克，秋葵 100 克，红椒少许，盐 2 克，鸡粉、水淀粉、食用油各适量

做法

1 把去皮洗净的山药切滚刀块；洗净的红椒切成片；洗净的秋葵切斜块，焯水，备用。

2 起油锅，倒入山药、秋葵，炒匀，加红椒片，炒至熟。

3 加盐、鸡粉，炒匀调味，淋入水淀粉勾芡，盛出装盘即成。

功效

这道菜有除湿祛风、化痰通络的效果。

菊花茶

材料： 菊花 10 克，枸杞 15 克

做法

1 取一碗清水，放入枸杞，清洗干净，捞出，沥干后放入盘中。

2 取一个茶杯，放入菊花，注入温开水，冲洗一下，将水倒出。

3 再次向杯中注入开水，至九分满，撒上枸杞，闷一会儿，趁热饮用即可。

功效

这道茶具有通络止痛、活血平肝的作用。

肩周炎

肩周炎主要痛点在肩关节周围，故称肩关节周围炎，简称肩周炎，俗称凝肩、漏肩风或冻结肩。起病多因肩关节周围组织，如肌腱、滑囊等受冷冻、外伤、感染所致。不少患者是由风湿病引起的。其主要症状为颈肩持续疼痛，患侧上肢抬高、旋转、前后摆动受限，遇风遇冷感觉有沉重隐痛。

症状

● 常见症状

肩部疼痛、肩关节活动受限（尤其上举、外展、外旋、内旋、穿衣、洗脸、举手时）。

● 其他可能出现的症状

肌肉痉挛与萎缩（如肩峰突起、上举不便、后伸不能），压痛，怕冷。

小贴士

肩周炎在调理方面应该注意以上几点：要经常适度地运动，可做柔软体操、太极拳、八段锦，等等。肩周炎发生后，最重要的是及早进行主动的和被动的患侧肩关节功能锻炼，如弯腰垂臂摆动、旋转、正身爬墙、侧身爬墙、拉滑车等；要忍痛坚持锻炼；有高血压、心脏病的患者不可强行运动，需要谨慎运动。

【肩周炎“巧”预防】

● 在日常生活中注意防寒保暖，特别是避免肩部受凉，对于预防肩周炎很重要。随着气候变化，寒冷湿气会侵袭机体，使得肌肉组织和小血管收缩，当肌肉较长时间处在收缩状态时，会产生比较多的代谢产物，如乳酸及致痛物质，它们的聚集会使肌肉组织受到刺激而发生痉挛，久而久之会引起细胞的纤维样变性、肌肉收缩功能障碍而引发各种疾病。

● 经常需要伏案工作、双肩经常处于外展状态的人群，应该注意保持正确姿势，避免因为长期保持不良姿势造成累积损伤和慢性劳损。

● 对于肩周炎患者而言，特别要注意肩部关节的运动，可选择打太极拳、门球，或在有机械的场地进行双臂悬吊，还可使用拉力器、哑铃以及做双手摆动等运动来缓解病情。

● 注意容易引起继发性肩周炎的相关疾病，如颈椎病、肩部和上肢损伤、胸部外科手术后病症、糖尿病以及神经系统疾病，患有以上疾病的人要密切观察是否产生了肩部疼痛症状。

肩周炎 —关节疼痛夜加重

刮痧疗法

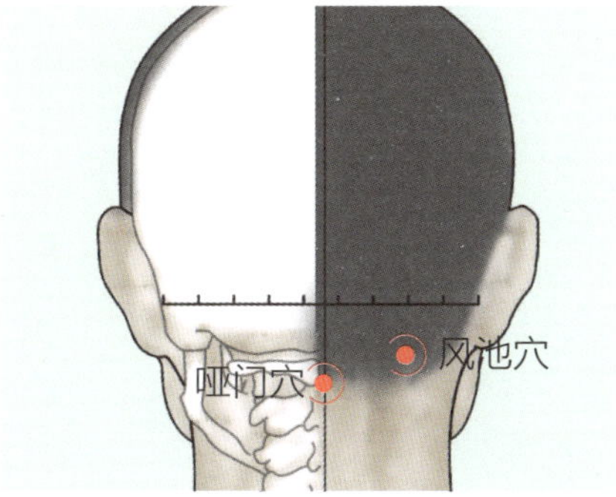

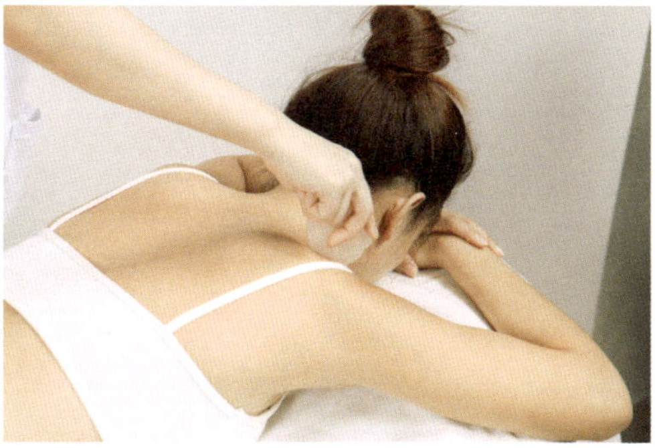

1 风池穴、肩井穴涂上经络油，用刮痧板角部从上往下刮拭风池穴至肩井穴 10 ~ 15 遍，以出痧为度。

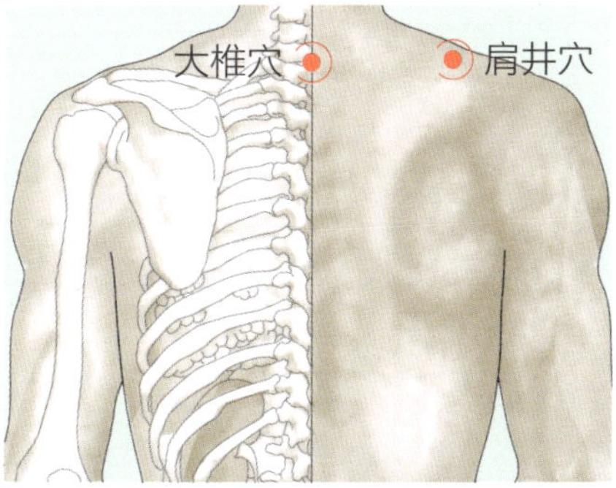

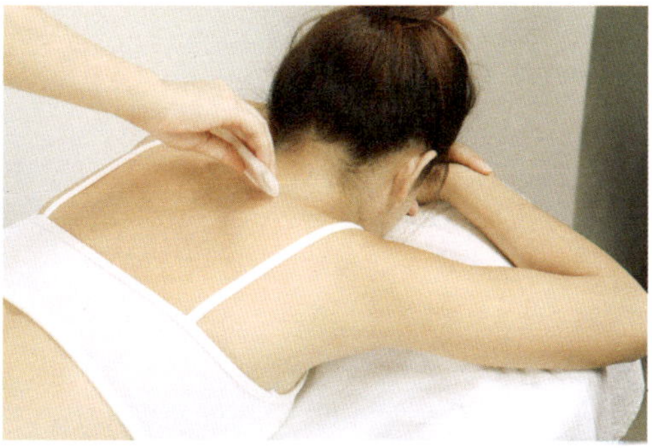

2 找到哑门穴、大椎穴，涂上经络油，用面刮法刮拭哑门穴至大椎穴 30 次，以皮肤潮红为宜。

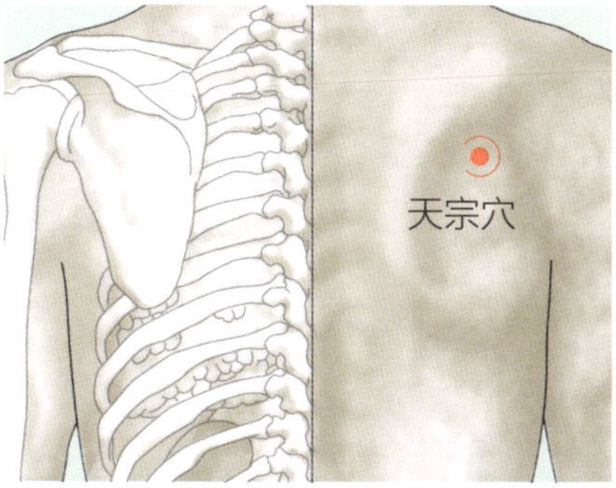

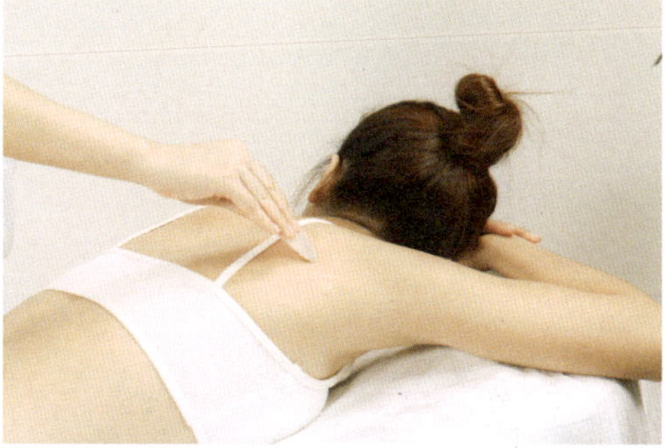

3 找到天宗穴，涂上经络油，用点刮法刮拭天宗穴 30 次，以出痧为度。

当归黄芪饮

材料： 当归 5 克，黄芪 3 克

做法

1 砂锅中注入清水，用大火烧热，倒入备好的当归、黄芪。

2 盖上锅盖，用大火煮 20 分钟至药材析出有效成分。

3 关火后揭开锅盖，将药材捞出，将煮好的药汁盛入杯中即可。

功效

这道饮品有散寒止痛、祛风除湿的作用。

西红柿炒鸡蛋

材料： 西红柿 130 克，鸡蛋 1 个，食用油适量，盐 3 克

做法

1 洗净的西红柿去蒂，切成滚刀块；鸡蛋打入碗内，打散。

2 热锅注油烧热，倒入鸡蛋液，炒熟，将炒好的鸡蛋盛入盘中。

3 锅底留油，倒入西红柿块、翻炒，倒入鸡蛋，炒匀，加入盐，翻炒入味即可。

功效

这道菜有散寒除湿、强筋壮骨的作用。

姜糖蒸红枣

材料： 红枣 150 克，姜末 6 克，红糖 10 克

做法

1 取一碗温水，放入洗净的红枣，浸泡约 10 分钟，使其胀开，捞出，沥干水分后放入蒸碗中，放入红糖、姜末，待用。

2 取电蒸锅，放入蒸碗，蒸约 20 分钟，至食材熟透。

3 断电后揭盖，取出蒸碗即可。

功效

这道菜有温里散寒、促进血液循环的作用，对肩周炎有一定的食疗功效。

奶子糖粳米粥

材料： 粳米 100 克，牛奶 50 毫升，白糖适量

做法

1 粳米洗净，放入适量清水，一同倒入电饭锅里，用煲粥的模式煮粥即可。

2 煮至熟软，放入牛奶，拌匀，再煲几分钟即可出锅。

3 最后，装碗加入白糖即可。

功效

这道粥具有祛风除湿、通络止痛的作用。

冰镇牛奶苹果汁

材料： 苹果 2 个，牛奶 250 毫升，白糖 5 克，冰块适量

做法

1 洗净的苹果去皮去核，切丁。

2 取榨汁机，倒入苹果、牛奶，盖上盖，选定榨汁功能，榨约半分钟。

3 榨好后倒入杯中，加白糖，搅拌至白糖溶化，放入冰箱冷藏 20 分钟，取出，倒入冰块即可。

功效

这道果汁具有疏风散寒、解热镇痛的作用。

黄花木耳猪蹄汤

材料： 猪蹄 200 克，木耳 50 克，黄花菜 20 克，盐 2 克，鸡粉 2 克，料酒 16 毫升，胡椒粉 2 克

做法

1 锅中注水烧开，倒入洗好的猪蹄，淋入 8 毫升料酒，拌匀，煮沸，捞出，沥干水分。

2 砂锅注水烧开，倒入猪蹄、木耳、黄花菜、料酒，拌匀，煮至食材熟软。

3 放入盐、鸡粉、胡椒粉，拌匀即可。

功效

这道汤具有杀菌消炎、解热镇痛的作用。

腰椎间盘突出

腰椎间盘突出主要表现为腰部疼痛，一侧下肢或双下肢麻木、疼痛等症状。该疾病主要是由于腰椎间盘各部分有不同程度的退行性改变，在外力因素的作用下，椎间盘的纤环破裂，髓核组织从破裂处突出于后方或椎管内，导致相邻脊神经受刺激或压迫而出现以上症状的。

症状

● 常见症状

腰部疼痛，坐骨神经痛，从下腰部向臀部、大腿后方、小腿外侧到足部的放射痛。

● 其他可能出现的症状

单纯麻木或自觉下肢发冷、发凉，平腰，腰椎侧弯，神经损伤，脏器损伤。

小贴士

注意腰部保暖，尽量不要受寒。避免着凉和贪食生冷之物，不要长时间在空调下，这样对腰部不好，宜加强腰背部的保护。不要做弯腰又用力的动作（如拖地板），注意姿势，避免长久弯腰和过度负重，以免加速椎间盘的病变及加重疼痛。

【腰椎间盘突出“巧”预防】

● 在提起重物的时候，应多加注意采取对腰部伤害最小的姿势，尽量不要突然用力过大扭转腰部而造成腰部劳损、拉伤。在搬抬重物时，建议先蹲下来，将身体向前靠，让腿部能够分担重量，这样对腰部所带来的伤害会降到最低。

● 要多注意对腰部做好保暖的措施，要避免寒气入侵而对腰部造成影响。因为在寒冷的时候，肌肉和血管就会产生一定程度的收缩，产生代谢废物，肌肉处于痉挛状态，就容易使腰椎劳损而受伤。

● 平时也应该积极地参加一些体育锻炼，尤其是要加强背部肌肉的锻炼，这是由于背部肌肉可有效保护脊椎，能够使腰椎的稳固性增强。

腰椎间盘突出——腰部疼痛下肢麻

拔罐疗法

拔罐要点

拔完火罐后拔罐部位有时会留下紫红印记，但在印记未完全消失之前是不能在该部位重复拔火罐的，应更换到其他相关穴位。否则不但不能缓解疼痛，还可能带来更多的皮肤问题。

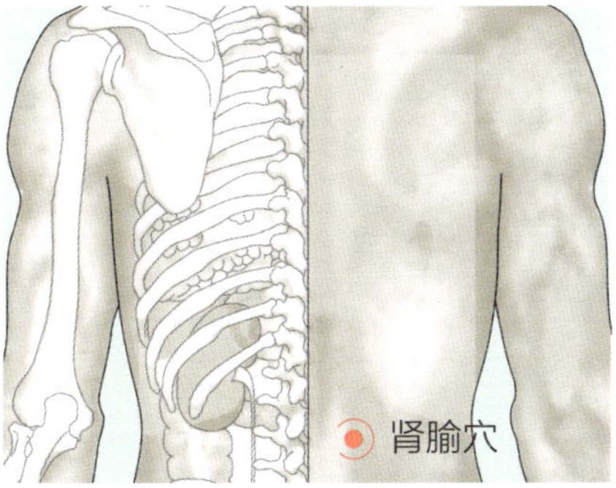

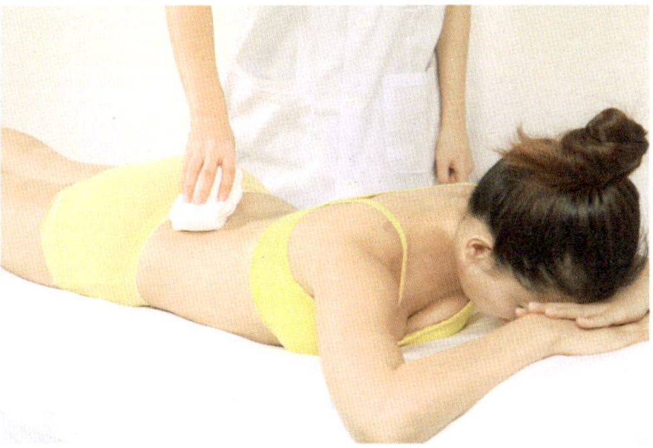

1 找到肾腧穴、腰眼穴、关元腧穴，用热毛巾擦拭、清洁以上穴位。

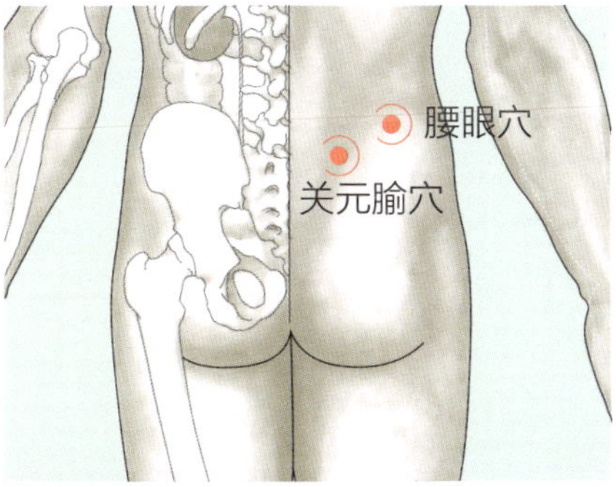

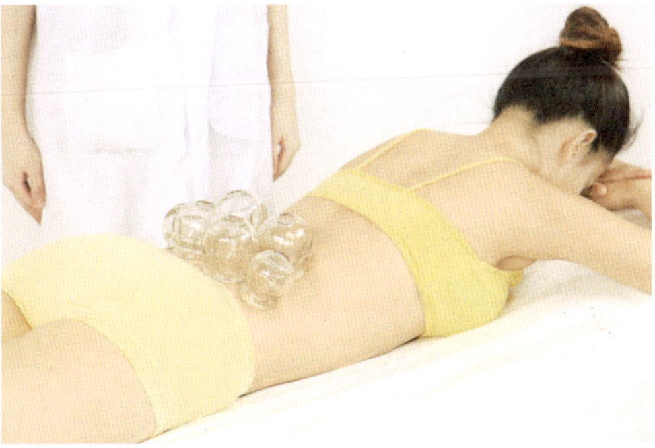

2 右手持罐，左手用止血钳夹住点燃的棉球后，伸入罐内旋转一圈马上抽出，将火罐扣在以上穴位上，留罐 10 分钟后取下。

芝麻糊

材料： 糯米 100 克，黑芝麻 100 克，白糖 20 克

做法

1 炒锅烧热，倒入黑芝麻，炒香。

2 取搅拌机的干磨杯，倒入黑芝麻磨成粉末，装盘；重复此步骤，将糯米粉磨成粉末，装盘。

3 砂锅注水烧开，加入糯米粉、黑芝麻粉，拌煮成浓稠状；加入白糖，拌至溶化即可。

功效

这道粥可以缓解腰椎间盘突出症状。

羊肉山药汤

材料： 羊肉 180 克，山药 100 克，姜片少许，盐、鸡粉、料酒各适量

做法

1 洗净去皮的山药切成条；洗净的羊肉切成块，焯水，备用。

2 砂锅注水烧开，放入姜片，倒入羊肉、山药、料酒，煮沸，将锅中的材料转至砂煲中，炖约 1 小时，加入盐、鸡粉拌匀调味，略煮片刻，端下砂锅即成。

功效

这道汤品有益气补肾、壮腰助阳的功效，主治肾气不足型腰椎间盘突出症。

牛奶燕麦核桃粥

材料： 燕麦 100 克，核桃仁 30 克，牛奶 50 毫升，白糖 6 克

做法

1 将核桃仁倒入木臼，压碎，把压碎的核桃仁倒入碗中。

2 汤锅注水烧热，倒入燕麦，拌匀，煮 30 分钟至燕麦熟软，倒入核桃仁，拌匀，煮至食材熟烂。

3 倒入牛奶，拌匀；加入白糖，拌匀，煮至溶化，盛出即可。

功效

这道粥具有滋养、强壮、防止老化的功效。

猪腰炒芹菜

材料： 猪腰200克，芹菜100克，盐、蚝油、料酒、生粉、水淀粉、食用油各适量

做法

1 猪腰洗净，切除筋膜，再切片；芹菜洗净切段；猪腰放入碗中，加入少量的盐、料酒和生粉，拌至入味，腌渍片刻后焯水备用。

2 起油锅，放入猪腰、料酒，注水，炒匀；再加芹菜、盐、蚝油，炒熟；淋入水淀粉炒匀即可。

功效

这道菜具有益气补虚、滋阴壮阳的作用。

清爽蔬果汁

材料： 胡萝卜1根，芹菜20克，苹果1个

做法

1 洗净去皮的胡萝卜切块；洗净的芹菜切段；洗净的苹果去核，切块。

2 往备好的榨汁杯中倒入胡萝卜、芹菜、苹果，注水，加盖，开始榨汁，榨约1分钟。

3 揭盖，将榨好的汁倒入杯中。

功效

这道果汁具有益肾健体、净血散结的功效。

绿豆豆浆

材料： 水发绿豆100克，白糖适量

做法

1 取豆浆机，倒入泡发洗净的绿豆，加入清水至水位线，选择“五谷”程序，约15分钟后即成豆浆。

2 将煮好的豆浆倒入滤网，滤去豆渣；豆浆倒入碗中，加入白糖，拌匀至溶化即可。

功效

绿豆含有丰富的维生素D和钙质，腰椎间盘突出患者可多食。

慢性咽炎

慢性咽炎是咽黏膜、黏膜下及淋巴组织的慢性炎症，好发于长期吸烟者、长期遭受有害气体刺激者、多语者、嗜酒者或夜生活过度者。

症状

● **常见症状**

咽部痒感、烧灼感、刺激感或干燥感，咽部异物感、不适感，咽部分泌物不易咳出。

● **其他可能出现的症状**

习惯性干咳，若用力咳嗽，可引起咽部黏膜出血，造成分泌物中带血。

小贴士

如果患上慢性咽炎，千万别再抽烟喝酒了，那只会加重病情，不妨多吃点新鲜蔬菜、水果，尤其是菇类的食物，补充点维生素和胡萝卜素。此外，平时上课的时候可以把粉笔蘸点水再写，用湿布擦黑板，尽量多休息。

【慢性咽炎“巧”预防】

● 患慢性咽炎可以选择多喝水，此外，用盐水熏蒸喉咙也可有效缓解病情，方法是在盆或碗中倒入一些煮沸的盐水，张大嘴巴对着盐水吸气、呼气，每次约 10 分钟，每天 2~3 次。

● 要注意饮食清淡，多吃一些易消化、清爽去火的食物，多喝水及清肺润燥的饮料。忌食烟、酒、姜、椒、芥、蒜及一切辛辣刺激的食物。应多吃一些富含维生素 C、胶原蛋白和弹性蛋白的食物，比如猪蹄、鱼、牛奶、豆类等。

● 早晚要用淡盐水漱口，漱口后也可以喝上一杯浓度较低的淡盐水，也能预防细菌感染。

● 慢性咽炎发病与日常生活中不注意口鼻、肢体保暖有很大关系。冷天早晨出门要戴上口罩，让口鼻不受到干冷空气的刺激；睡觉时房间内温度不要太低；洗澡或洗头后要及时擦干身体，吹干头发，避免受凉影响口鼻。

慢性咽炎——咽部不适干咳多

按摩疗法

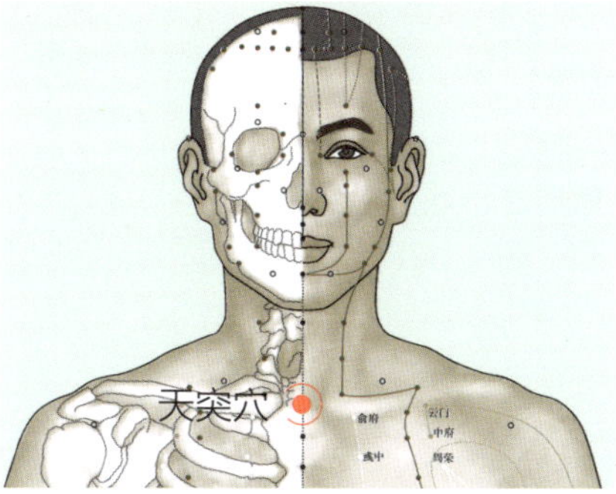

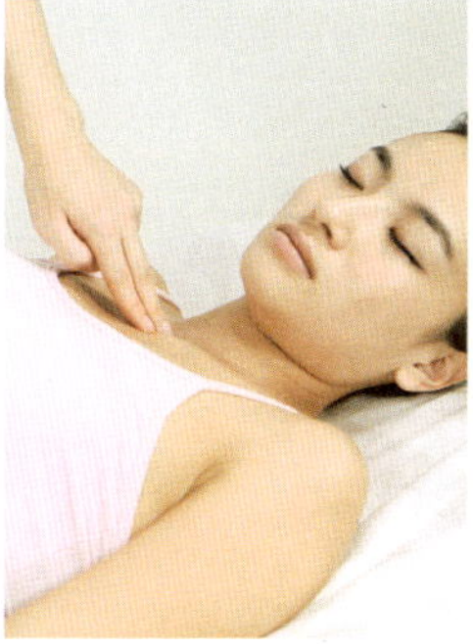
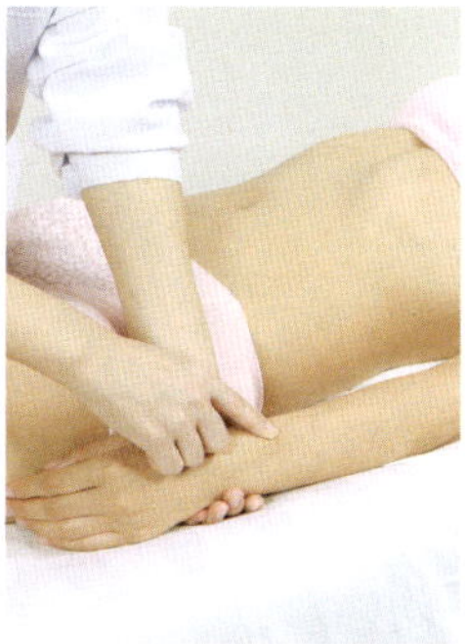

1 将食指、中指并拢，用两指指腹持续推擦天突穴 3 ~ 5 分钟；用食指的指腹按揉列缺穴，会有酸痛或酥麻的感觉，按揉 1 ~ 3 分钟。

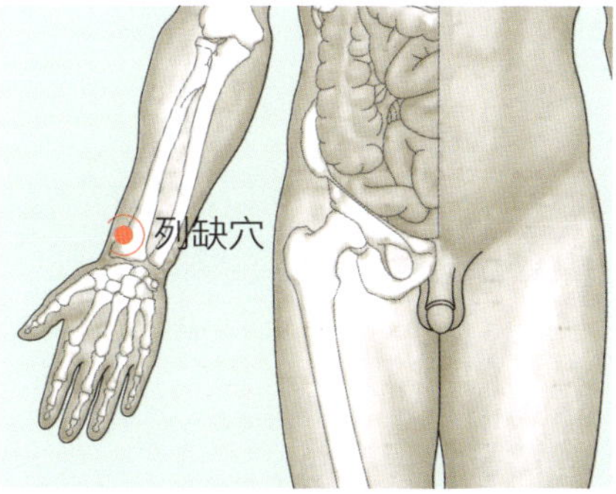

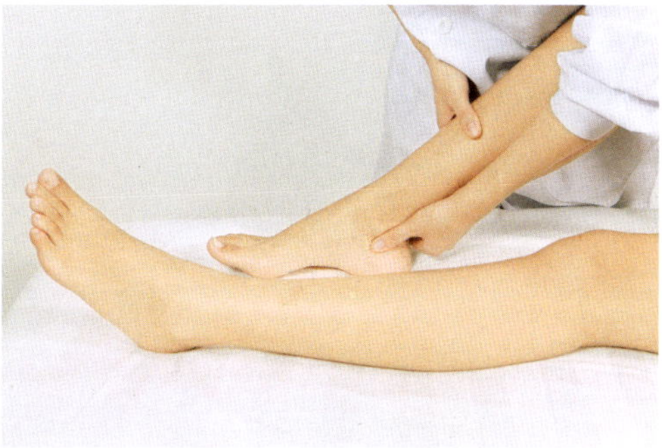

2 用拇指从上向下推按太溪穴，有胀痛感，力度适中，左右各推按 1 ~ 3 分钟。

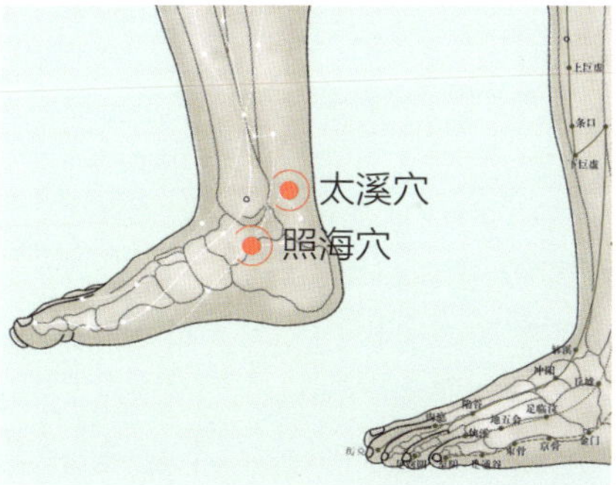

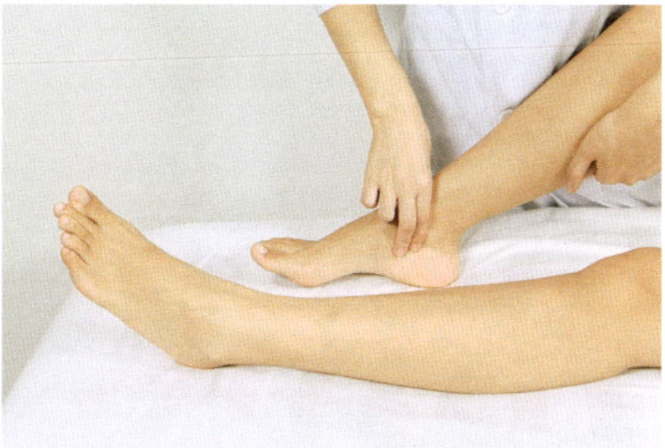

3 将食指、中指并拢，用两指指腹按揉照海穴，左右各按揉 2 ~ 3 分钟。

黄瓜雪梨汁

材料： 黄瓜 120 克，雪梨 130 克

做法

1 雪梨洗净去皮，去核，切小块；黄瓜洗净切成丁。

2 取榨汁机，选择“搅拌”刀座组合，将雪梨、黄瓜倒入搅拌杯中，加入矿泉水，盖上盖，选择“榨汁”功能，榨取果汁。

3 将榨好的果汁倒入杯中即可。

功效

这道蔬果汁具有润肺清燥、止咳化痰的作用。

茉莉花柠檬茶

材料： 柠檬 40 克，红茶包、茉莉花各适量，冰糖少许

做法

1 茉莉花倒入凉开水中，浸泡片刻；洗净的柠檬切片，捞出。

2 取茶壶，放入红茶包，倒入茉莉花。

3 注开水，泡约 1 分钟，放入柠檬片、冰糖，泡至冰糖完全溶化即可。

功效

这款茶具有生津止渴、健脾养胃等功效。

枸杞百合蒸木耳

材料： 百合 50 克，枸杞 5 克，水发木耳 100 克，盐 1 克，芝麻油适量

做法

1 取空碗，放入泡好的木耳，倒入洗净的百合、枸杞、芝麻油、盐，拌匀，将拌好的食材装盘。

2 备好已注水烧开的电蒸锅，放入食材，加盖，调好时间旋钮，蒸 5 分钟至熟。

3 揭盖，取出即可。

功效

这道菜具有养阴润肺、止咳化痰、宁心安神等功效。

木瓜银耳汤

材料：木瓜 200 克，枸杞 30 克，水发莲子 65 克，水发银耳 95 克，冰糖 40 克

做法

1 洗净的木瓜切块。

2 砂锅注水烧开，倒入木瓜，放入洗净泡好的银耳、莲子，搅匀，煮 30 分钟至食材变软。

3 再倒入枸杞、冰糖，拌匀，续煮 10 分钟至食材熟软入味，盛出煮好的甜品汤，装碗即可。

功效

这款汤对于阴虚肺燥而引发的咽干喉痛有良好的疗效。

莲子糯米粥

材料：莲子 20 克，糯米 100 克，冰糖 10 克

做法

1 砂锅中注水烧开，放入洗净的莲子和糯米，拌匀。

2 盖上盖，煮约 80 分钟，至食材熟透。

3 揭盖，放入冰糖，拌匀，煮至溶化，盛出煮好的糯米粥，装在碗中即可。

功效

这道粥具有清热解毒、生津润燥、清喉利咽、清热化痰的作用。

党参麦冬茶

材料：党参、麦冬各 15 克，红枣 25 克，冰糖 20 克

做法

1 砂锅中注入清水烧开，放入党参、麦冬、红枣，搅匀，盖上盖，煮约 20 分钟至其析出有效成分。

2 再放入冰糖，搅拌均匀，煮约 3 分钟，至其溶化。

3 揭盖，拌匀，把煮好的茶水盛出，装入碗中即可。

功效

这道茶能滋阴降火，可治疗慢性咽喉炎、嗓音疲劳等症。

过敏性鼻炎

过敏性鼻炎即变应性鼻炎，变应性鼻炎患者具有特应性体质，变应性鼻炎的危险因素可能存在于所有年龄段，通常显示出家族聚集性。已有研究发现，某些基因与变应性鼻炎相关联。

症状

● 常见症状

反复阵发性鼻痒，打喷嚏，出清涕，鼻塞。

● 其他可能出现的症状

慢性鼻炎，慢性鼻窦炎，鼻息肉，头痛，过敏性咽炎，哮喘，鼻出血。

小贴士

身体寒气较重的人可能需要更多次排寒才能好，打喷嚏是身体在向好的方向发展，身体也有这个排寒的能力，所以不要控制打喷嚏。同时早睡早起，好好吃饭，养足气血，让身体有更多的能力来防寒和祛寒。

【过敏性鼻炎“巧”预防】

● 常见的树木致敏花粉有榆、杨、柳树花粉等；草类致敏花粉有蒿属、禾本科等。易对花粉过敏的人员，在树木及草木产生花粉期间，应尽量减少户外活动。

● 尘螨种群常出现于春秋两季，秋季密度高于春季。卧室应经常保持整洁卫生，经常开窗保持空气清新；地面最好采用易清洗的地板材料。衣服、窗帘等应勤洗，最好用高于55℃的热水烫洗；被褥、枕头应勤晒并进行拍打。

● 应保持室内通风、干燥，尽可能控制室内霉菌和霉变的产生，要避免室内长期阴暗潮湿。如室内发现有霉变时，可用漂白粉或84消毒液进行消毒。衣物发生霉变时应尽早丢弃；食物要合理保存，以防霉变。

● 易过敏者不宜接触宠物，不但可防止机体被致敏，也可防止过敏疾病的发作。

过敏性鼻炎——鼻塞流涕打喷嚏

刮痧疗法

扫一扫，视频同步学

刮痧要点

背部与颈部的刮痧，一般都是一起进行的，因为颈部与背部的不舒适是有关联的。但是一起刮的前提条件是，自身气血充足，能够经受住一次性大面积的刮痧，否则会有心慌气短等现象出现。

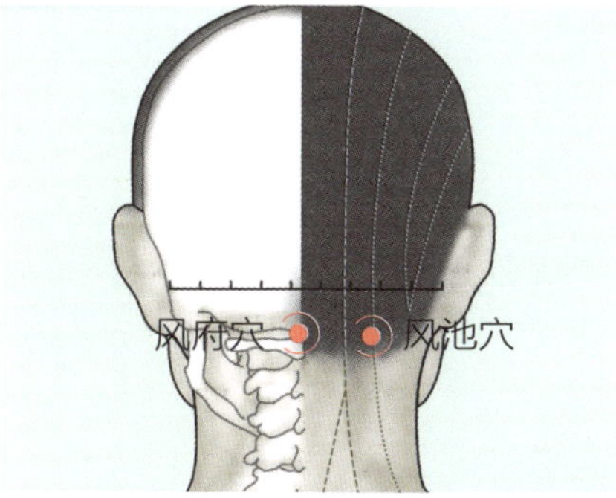

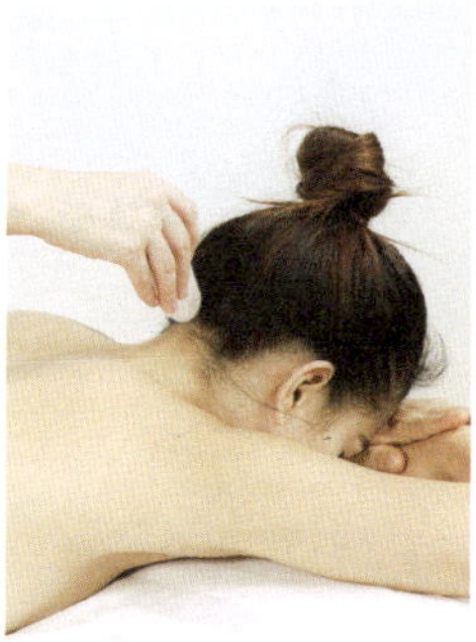

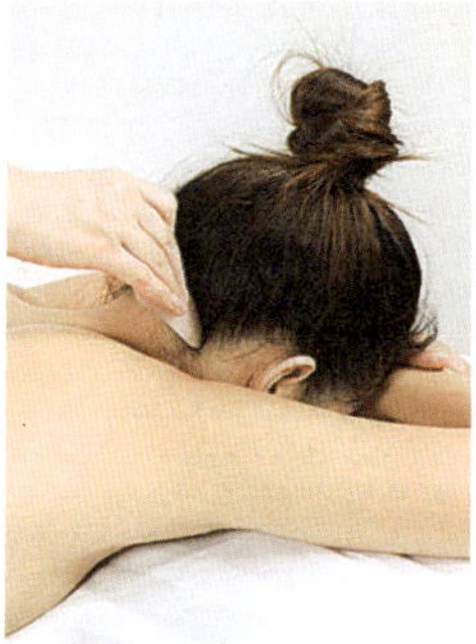

1 找到风府穴、风池穴，用刮痧板角部刮拭风府穴至风池穴，手法宜轻，重复 20 ~ 30 次，由内向外刮到没有出现新痧为止。

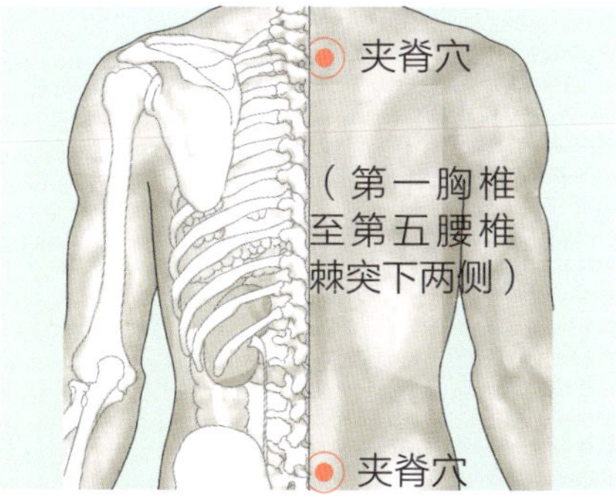

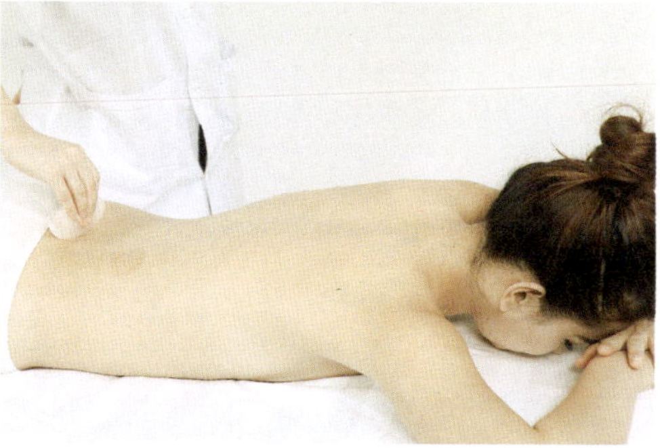

2 找夹脊穴，涂抹适量经络油，再用面刮法刮拭两侧的夹脊穴 10 ~ 15 遍，从上往下刮拭至出痧为止。

白菜豆腐汤

材料：小白菜 150 克，豆腐 300 克，葱花少许，盐 3 克，鸡粉 2 克，芝麻油、食用油各适量

做法

1 洗净的小白菜切成两段，装碗；洗好的豆腐切块，装盘。

2 锅中注水烧开，加入食用油、盐、鸡粉、豆腐，煮约 2 分钟。

3 放入小白菜，煮约 1 分钟至熟，淋入芝麻油，拌匀，将汤盛出，装碗，撒葱花即成。

功效

这道汤发散风寒、宣通鼻窍，可用于治疗风寒引起的过敏性鼻炎。

丝瓜粥

材料：丝瓜 100 克，虾仁 15 克，大米 200 克，盐 2 克，鸡粉 2 克，胡椒粉 2 克

做法

1 洗净去皮的丝瓜切成滚刀块。

2 砂锅中注水烧热，倒入大米，搅匀，煮 45 分钟；加虾仁，搅匀，续煮 15 分钟。

3 放入丝瓜，煮至食材熟软，加入盐、鸡粉、胡椒粉，拌至入味，将煮好的粥盛出，装碗即可。

功效

丝瓜富含维生素 C，可消炎和保持微血管健康，对过敏性鼻炎有疗效。

西红柿菠菜汁

材料：西红柿 135 克，柠檬片 30 克，菠菜 70 克，盐少许

做法

1 洗净的菠菜去除根部，切小段；洗好的西红柿切小块（留一片）。

2 取榨汁机，放入菠菜段、柠檬片、西红柿块、水、盐，盖上盖子，选择“榨汁”功能，榨取蔬果汁。

3 断电后倒出蔬果汁，装入杯中，点缀上西红柿片即成。

功效

这道蔬果汁可消炎和保持微血管健康，对过敏性鼻炎有疗效。

油菜炒香菇

材料： 油菜 100 克，鲜香菇 60 克，盐、鸡粉各 3 克，料酒 3 毫升，食用油适量

做法

1 香菇洗净切块，焯水；油菜洗净切段，焯水，备用。

2 起油锅，倒入香菇，炒匀；加入料酒、油菜、盐、鸡粉，炒至食材熟透，盛出锅中的食材即可。

功效

这道菜具有清热消炎、解毒通窍的效果。

鲜薄荷柠檬茶

材料： 柠檬 70 克，鲜薄荷叶少许，热红茶适量，冰糖适量

做法

1 洗净的柠檬切薄片。

2 取瓷杯，注入备好的热红茶，放入柠檬片、冰糖。

3 最后点缀上几片薄荷叶，浸泡一会儿即可饮用。

功效

这款茶具有清热解表、通窍排脓的作用。

黑米小米豆浆

材料： 水发黄豆 50 克、水发小米、水发黑米各 30 克

做法

1 将泡发洗净的黄豆、黑米、小米倒入豆浆机中，注水，至水位线，盖上豆浆机机头，选择“五谷”程序，待豆浆机运转约 20 分钟，即成豆浆。

2 把煮好的豆浆倒入滤网，滤取豆浆，倒入碗中即可。

功效

这款豆浆具有补中益气、散寒通窍的功效。

胃病

胃病是包含许多病症的总称，临床上常见的胃病有急性胃炎、慢性胃炎、胃溃疡等。它们有着相似的症状，如胃脘部疼痛、上腹不适、饭后饱胀、泛酸、嗳气，甚至恶心、呕吐等。

症状

● **常见症状**

上腹部不适或疼痛、恶心、食欲不振、呕吐、腹泻、胃炎及十二指肠溃疡（表现为上腹部烧灼痛）。

● **其他可能出现的症状**

急性胃炎，慢性胃炎，胃溃疡等。

【胃病“巧”预防】

● 日常生活中饮食应该定时定量，不要暴饮暴食。尽可能避免食用辛辣、生冷、油腻等不容易被消化的食物。要注意细嚼慢咽，使得食物充分与唾液混合，有利于消化和减少胃部的刺激。

● 烟草中的有害成分能促使胃酸分泌增加，对胃黏膜产生刺激作用，吸烟还会引起胆汁反流。如果过量饮酒或长期饮酒，可使得胃黏膜长期充血，出现水肿甚至糜烂，导致慢性胃炎发生率明显增加。

● 长期服用对胃黏膜有刺激性的药物，例如红霉素等，可造成胃黏膜损伤而出现炎症或溃疡。胃病患者需要服用对应的药物时，要多向医生咨询，遵照医生的建议。

● 胃是否健康与精神因素也有很大的关系。过度的精神刺激和情绪波动，如长期紧张、悲伤、恐惧等都会引起大脑皮层的功能失调，导致胃壁血管痉挛性收缩，从而引发胃炎、胃溃疡。保持平和的心情和积极的心态是非常重要的。

小贴士

预防胃病需要做到每餐用餐适量，每天三餐定时；饮食的温度应该以“不烫不凉”为度；对食物充分咀嚼；喝水需选择时间，餐后立马喝水会稀释胃液，汤泡饭也会影响食物的消化；胃冷也会使得机体活动减缓，所以需要保持胃部的温度，不要受寒；避免刺激，少吸烟、喝酒、吃辣椒和胡椒等。

胃病—恶心呕吐食欲差

按摩疗法

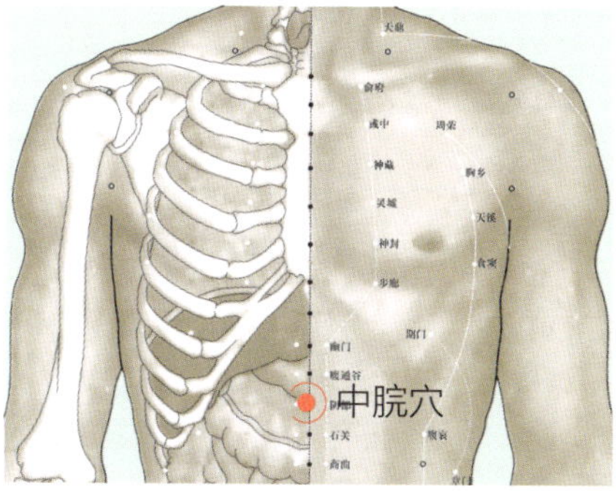

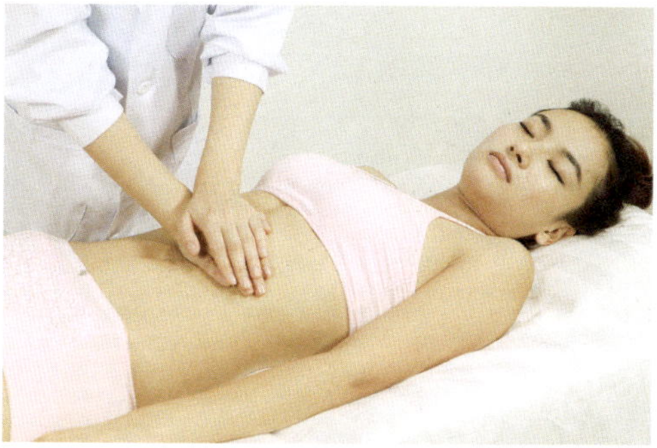

1 双手重叠，紧贴于中脘穴，分别以顺、逆时针方向各旋转按揉 1 ~ 2 分钟，至局部都有温热舒适感为止。

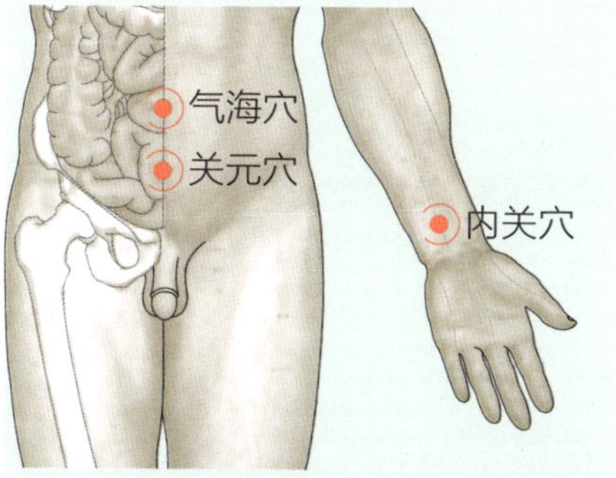

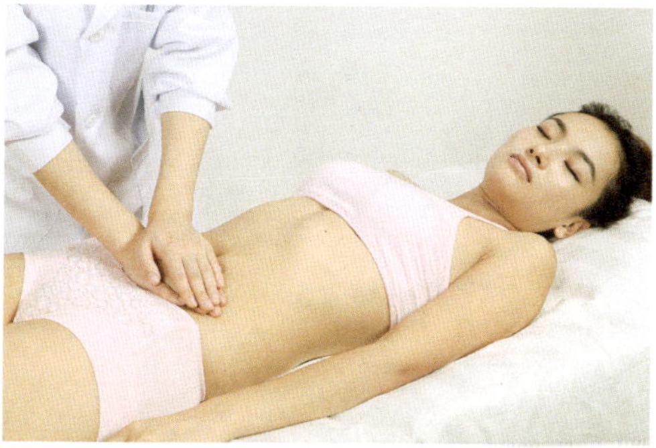

2 接看双手掌重叠，贴于小腹的气海穴、关元穴，先以顺时针方向旋转按摩 1 ~ 2 分钟，再逆时针方向旋转按揉 1 ~ 2 分钟。

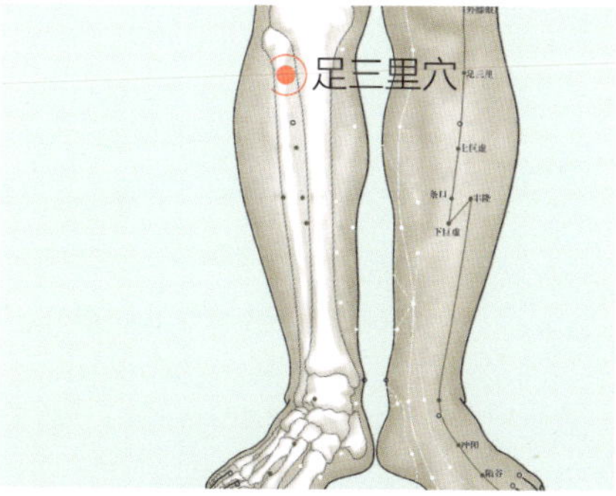

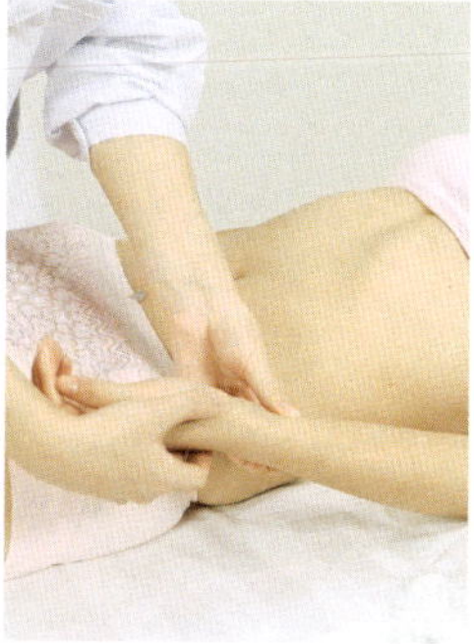

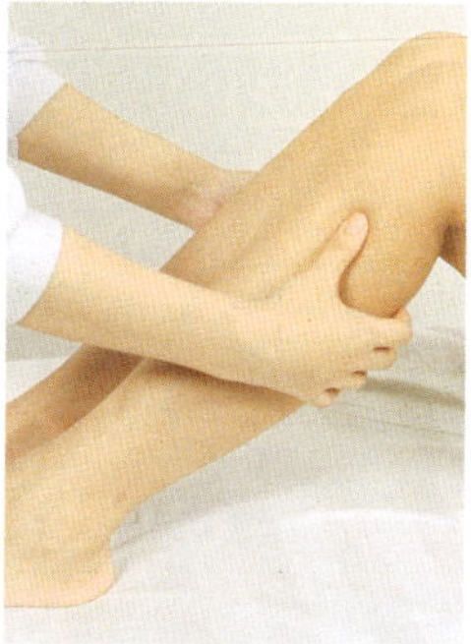

3 用拇指指腹紧贴于内关穴上，揉按 1 ~ 2 分钟，左右两臂穴交替进行；用拇指指峰贴于足三里穴按揉 1 ~ 2 分钟，以局部有酸胀麻的感觉为止。

菠萝炒木耳

材料： 菠萝肉 200 克，木耳 100 克，枸杞适量，盐 3 克，水淀粉、食用油各适量

做法

1 菠萝肉切片。

2 锅置旺火，注油烧热，倒入木耳、菠萝肉炒至熟。

3 放入盐调味，加入水淀粉勾芡，盛入盘内，撒上枸杞即可。

功效

这道菜有益胃滋肾、理气调中的作用。

山楂炒肉丁

材料： 猪瘦肉 120 克，山楂 50 克，香菇 60 克，盐 4 克，鸡粉 4 克，水淀粉 8 毫升，食用油适量

做法

1 山楂洗净去蒂去核，切块；猪瘦肉洗净切丁；香菇洗净切块。

2 将瘦肉丁装碗，放入少量的盐、鸡粉、水淀粉、食用油，拌匀，腌渍。

3 起油锅，放入肉丁，翻炒，倒入山楂、香菇、鸡粉、盐，炒匀调味，淋入水淀粉勾芡即可。

功效

这道菜具有中和胃酸、生津止痛的作用。

西红柿苹果汁

材料： 西红柿 120 克，苹果 95 克

做法

1 将洗净的西红柿放入碗中，注入开水，烫至表皮皴裂，捞出，放入凉开水中。

2 放凉的西红柿剥除果皮，再切小块；洗净的苹果取肉切小块。

3 取榨汁机，倒入苹果、西红柿，启动榨出蔬果汁即可。

功效

这款制作简易的蔬果汁具有温中行气、健脾和胃的作用。

红豆小米粥

材料：水发小米 120 克，水发红豆 80 克，白糖适量

做法

1 砂锅中注水烧开，倒入泡好的小米、红豆，拌匀。

2 加盖，用大火煮开后转小火续煮 1 小时至食材熟软。

3 揭盖，加入白糖，拌匀调味，盛出煮好的粥，装在碗中。

功效

这道粥具有健脾养血、滋阴益胃的功效。

薄荷甘草太子参茶

材料：太子参 10 克，甘草 4 克，薄荷叶少许

做法

1 砂锅注水烧开，倒入洗净的太子参、甘草，盖上盖，煮约 15 分钟至药材析出有效成分；揭盖，用小火保温，待用。

2 取一个茶杯，放入洗净的薄荷叶，盛入煮好的药汁，泡约 1 分钟至香气散出，趁热饮用。

功效

这款茶具有温中化湿、行气和中、养胃散寒的作用。

猪血山药汤

材料：猪血 270 克，山药 70 克，葱花少许，盐 2 克，胡椒粉少许

做法

1 山药洗净去皮切厚片；猪血洗净切块，焯水备用。

2 取锅注水烧开，倒入猪血、山药，煮至食材熟透。

3 加入盐，拌匀；取碗，撒入胡椒粉，盛入锅中的汤料，点缀上葱花即可。

功效

这道汤具有补脾和胃、清热润燥、滋阴养胃的作用。

下肢静脉曲张

下肢静脉曲张病变仅局限于下肢浅静脉者，其病变范围包括大隐静脉、小隐静脉及其分支，绝大多数病人都发生在大隐静脉，临床诊断为大隐静脉曲张。病变的浅静脉表现为伸长、扩张和蜿蜒屈曲，多发生于从事长久站立工作和体力劳动的人群。

症状

● 常见症状

下肢酸胀不适及钝痛感，伴有肢体沉重感，下肢静脉隆起、扩张、迂曲，皮肤出现如瘙痒、脱屑等症状。

● 其他可能出现的症状

小腿慢性湿疹，慢性溃疡，血栓性静脉炎。

小贴士

避免静脉曲张最好的方法就是尽量少站着，不过教师们在讲台上站着授课在所难免，但站着的时候可以经常活动着点，来回走走，腿脚也能得到适当休息。下课或回家没事的时候，做做踝关节的屈伸运动，多用热水敷腿、泡脚，也是不错的缓解方式。

【下肢静脉曲张“巧”预防】

● 长期需要站立工作和长期从事重体力劳动的人群，平时长久站立后应该注意休息和按摩，工作时最好穿弹力袜套，使浅静脉处于被压迫状态。

● 尽量避免长时间采用站姿、坐姿或双腿交叉压迫等姿势。长时间采取以上姿势或负重，会使得静脉压力升高，下肢血液循环不畅通，这样容易引起或加剧静脉曲张。为了避免下肢静脉曲张，睡觉时最好能用枕头垫床脚，抬高腿部。

● 走路是预防静脉曲张最好的一种运动方式。研究表明，每天坚持一定时间的行走，足底就会像泵一样将血液倒流回去，可防止产生血液倒流的压力。

● 体重过重的人应该注意减肥，肥胖虽然说不是很直接的原因，但是长期超标的体重也有可能会造成腿部静脉回流不畅，使得静脉曲张加重。

● 吸烟会使得血液黏滞度改变，血液变黏稠后易瘀积，易使静脉曲张病情加重。口服避孕药也有类似作用，应尽量避免。

下肢静脉曲张—下肢酸痛钝痛感

刮痧疗法

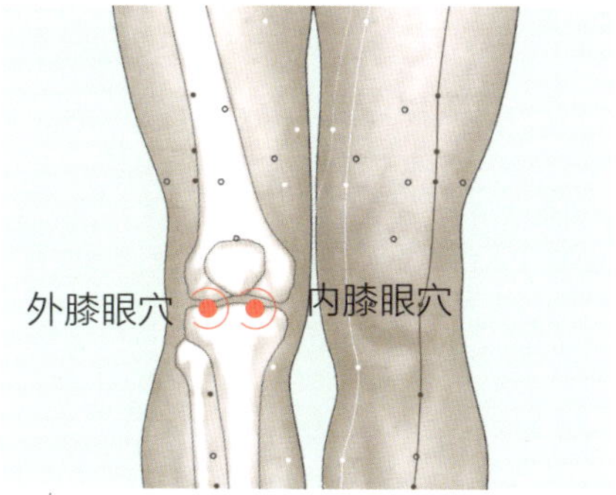

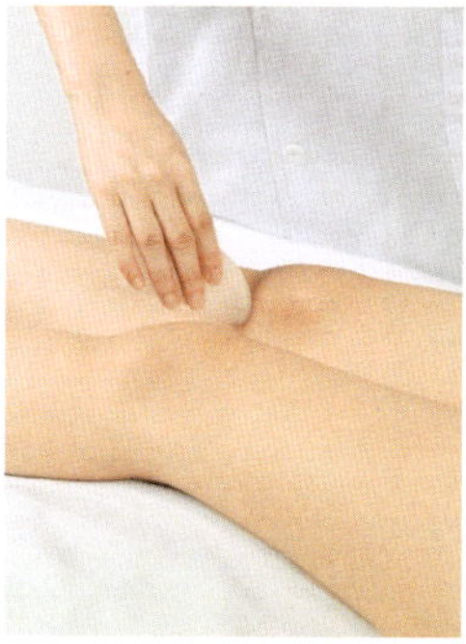

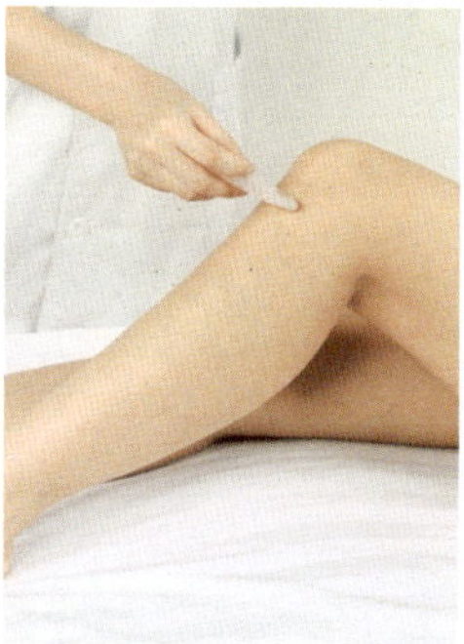

1 找到外膝眼穴、内膝眼穴，涂上经络油，用刮痧板先点按深陷处，然后向外刮出，刮拭 1 ~ 3 分钟。

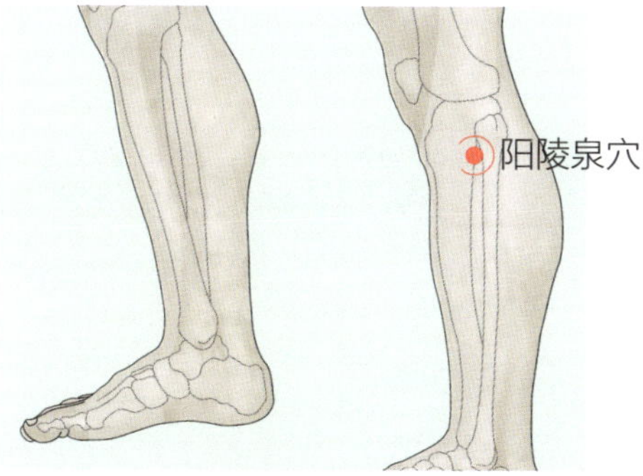

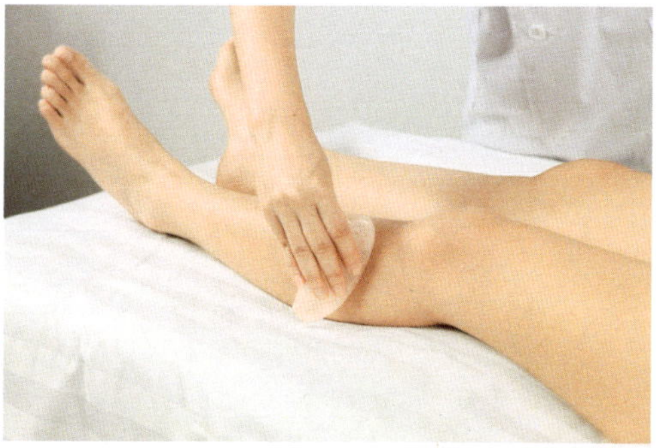

2 手持刮痧板，用面刮法自上而下刮拭小腿外侧 10~15 遍，找到阳陵泉穴，涂上经络油，用面刮法刮拭 30 次。

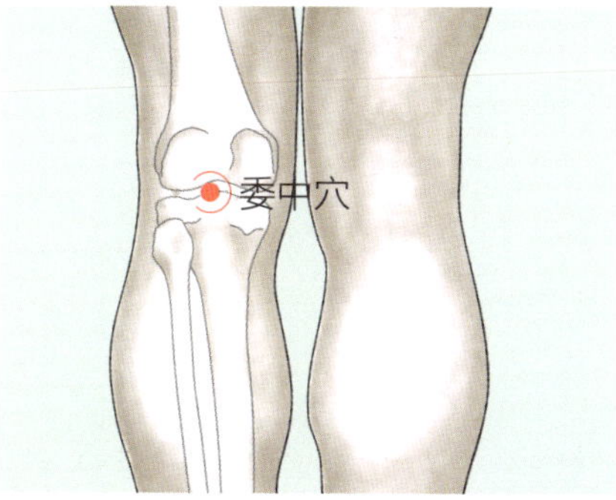

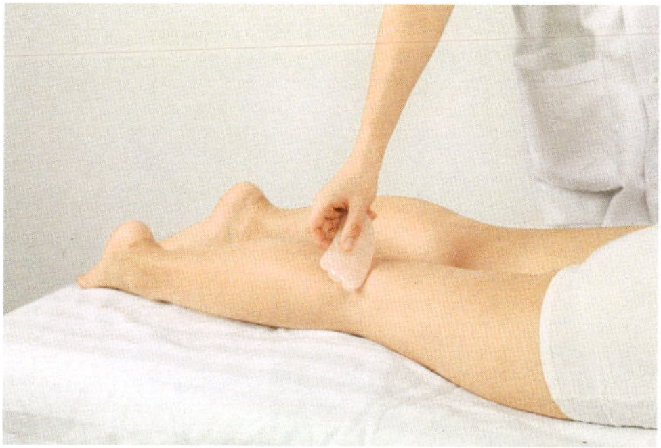

3 找到委中穴，涂上经络油，用点刮法刮拭委中穴 1~3 分钟，以潮红出痧为度。

海带丝拌菠菜

材料： 海带丝 230 克，菠菜 85 克，熟白芝麻 15 克，胡萝卜 25 克，蒜末少许，盐、芝麻油各适量

做法

1 海带丝洗净切段，焯水；胡萝卜洗净去皮，切成细丝，焯水；菠菜洗净焯水，备用。

2 取碗，倒入海带、胡萝卜、菠菜、蒜末、盐、芝麻油，撒上白芝麻，拌匀，将拌好的菜肴盛入盘中即可。

功效

这道菜具有补益肝肾、养阴清热的功效。

紫菜蛋花汤

材料： 水发紫菜 200 克，鸡蛋 1 个，葱末少许，盐、鸡粉、胡椒粉、食用油各适量

做法

1 鸡蛋打入碗中，顺一个方向打散，制成蛋液。

2 锅中倒入清水，放入食用油、盐、鸡粉、紫菜，拌匀，煮至熟透。

3 加入胡椒粉、蛋液，搅散成蛋花，撒上葱末拌匀，出锅盛入盘中即成。

功效

这道汤有健脾益气的作用，适用于下肢静脉曲张并发小腿溃疡。

燕麦小米豆浆

材料： 燕麦、小米各 30 克，水发黄豆 50 克

做法

1 将材料洗净倒入豆浆机中，注水至水位线，盖上豆浆机机头，选择“五谷”程序，待豆浆机运转约 20 分钟，即成豆浆。

2 把煮好的豆浆倒入滤网，滤取豆浆，倒入碗中，用汤匙撇去浮沫即可。

功效

这道豆浆具有清热润燥、舒张血管的作用。

柑橘生姜苏打汁

材料： 柑橘 1 个，生姜适量，苏打水 30 毫升

做法

1 去皮的柑橘切成块；洗净去皮的生姜切成片。

2 取榨汁机，加入柑橘、生姜、苏打水，盖上盖子，选择“榨汁”功能，榨取汁。

3 断电后倒出汁，装入杯中即成。

功效

这道果汁具有行血破气、消肿散结的作用。

红豆薏米苹果粥

材料： 红豆 30 克，薏米 35 克，苹果 1 个，红枣适量，白糖适量

做法

1 洗净去皮的苹果切成块。

2 砂锅中注水烧开，倒入红豆、薏米、苹果、红枣，拌匀，煮 1 小时至食材熟软。

3 加入白糖，拌匀，盛出煮好的粥，装在碗中。

功效

这道粥具有清热祛湿、利水消肿的功效。

麦芽茶

材料： 麦芽 20 克

做法

1 砂锅中注水烧开，倒入麦芽。

2 盖上锅盖，煮约 20 分钟，至食材析出有效成分。

3 揭盖，搅拌几下，关火后盛出煮好的麦芽茶，装在茶杯中，趁热饮用即可。

功效

这道茶饮可改善血液循环，减轻腿部的沉重感。

冠心病

冠心病系指由于冠状动脉循环发生功能的或器质性的改变而引起冠状动脉血流量和心肌需求量之间的不平衡，导致心肌缺血性损害的一种心脏病。它是一种常见病、多发病，多发生于40岁以上的年龄组。

症状

● 常见症状

胸痛（表现为发作性绞痛、压榨痛、憋闷感）、猝死、发热、惊恐、出汗、恶心、呕吐。

● 其他可能出现的症状

心前区不适，心悸，乏力，肠胃道症状。

小贴士

胖人易得冠心病主要是因为：过度的体重增加了心脏负荷，加重了血压上升；高热量的饮食使血脂、血压水平增高，冠状动脉粥样硬化形成并加重；肥胖以后体力活动明显减少，促使冠状动脉粥样硬化病变循环的形成。

【冠心病“巧”预防】

- 养成合理的饮食习惯，不偏食。少吃高胆固醇、高脂肪的食物，如蛋黄、鱼子、动物内脏等。少吃肉，多吃蔬菜和水果。
- 控制体重，切忌暴饮暴食，否则血脂的突然增高会加重心脏的负担。
- 应注意食盐的摄入量，建议每日在6克以下。
- 生活要有规律，保持充足的睡眠，培养多种情趣；情绪要稳定，切忌急躁、激动或闷闷不乐，避免情绪过度紧张。
- 不要吸烟、喝酒。吸烟会使动脉壁收缩，能诱发动脉粥样硬化；而喝酒则会容易使情绪激动，导致血压升高，从而引发冠心病。
- 坚持适当的体育锻炼，增强体质。

冠心病——心律不齐心绞痛

拔罐疗法

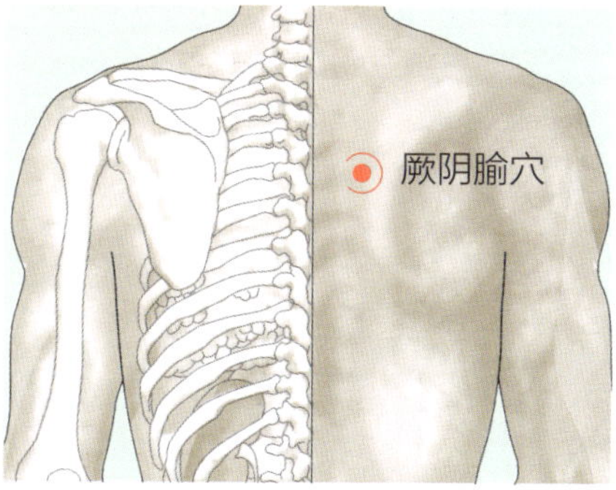

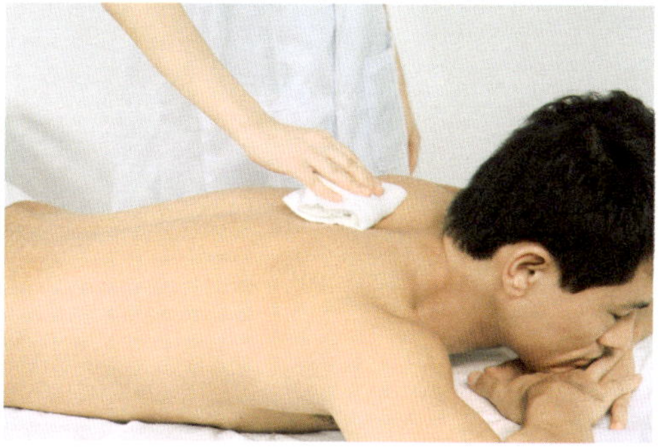

1 用热毛巾擦拭、清洁厥阴腧穴、心腧穴、膈腧穴。

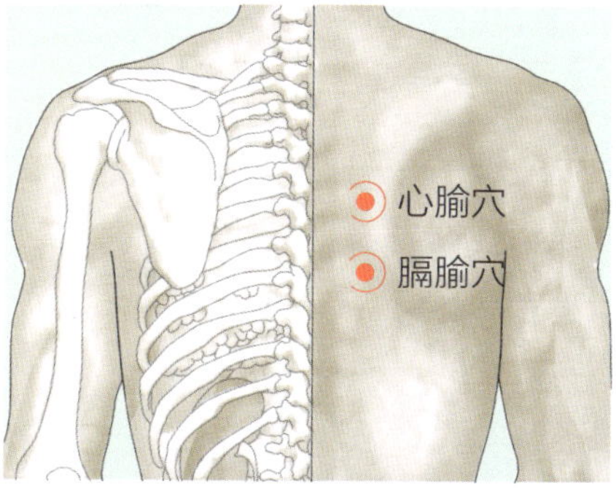

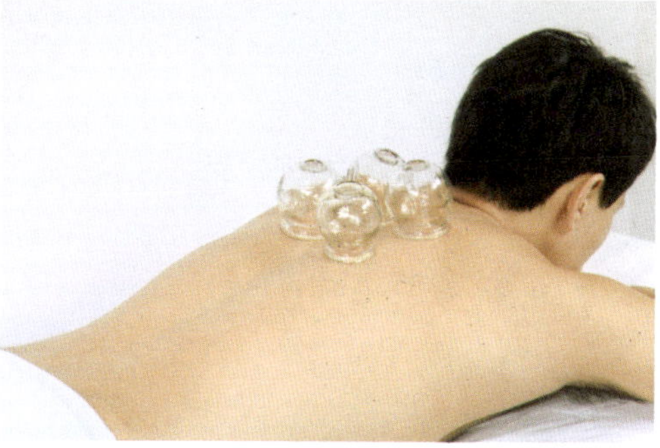

2 用止血钳夹住点燃的棉球，伸入罐内旋转一圈马上抽出，迅速将火罐扣在以上穴位上，每穴留罐 10 ~ 15 分钟。

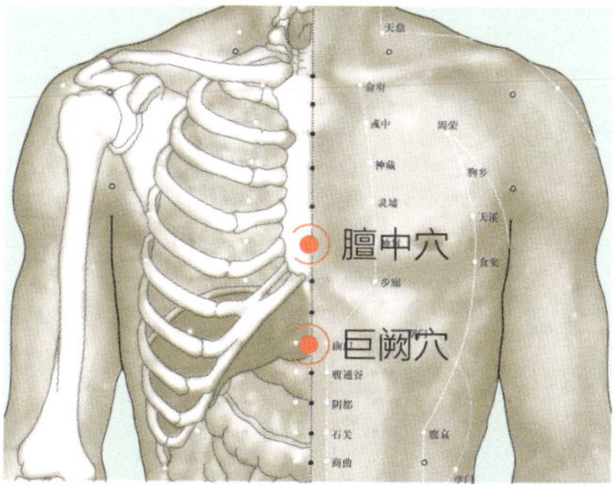

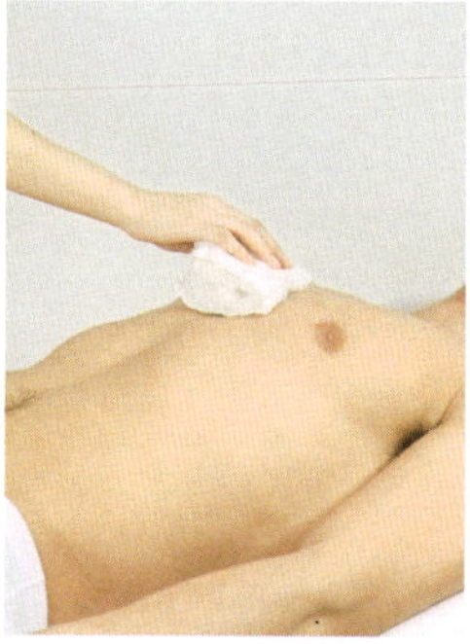

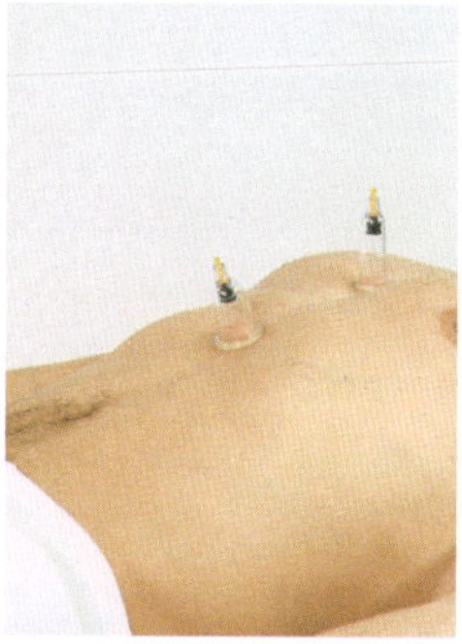

3 用毛巾擦拭、清洁膻中穴和巨阙穴，将气罐拔扣在以上穴位上，每穴留罐 10 ~ 15 分钟后，将罐取下。

蜂蜜柚子茶

材料： 西柚 1 个，蜂蜜适量

做法

1 去皮的西柚，切成块。

2 把西柚装杯中，加入温水，泡至入味，加入蜂蜜，拌匀。

3 冷却后，放入冰箱冷藏 20 分钟，取出饮用即可。

功效

这道茶能降脂，扩张血管，降血压，增强血管弹性。

洋葱炒鳝鱼

材料： 鳝鱼 200 克，洋葱 90 克，圆椒 55 克，姜片少许，盐 3 克，料酒 16 毫升，生抽、水淀粉、食用油各适量

做法

1 洋葱洗净切块；圆椒洗净去籽，切块；处理好的鳝鱼切块，装碗，加 1 克盐、料酒、少量水淀粉，拌匀，腌渍 10 分钟后焯水，备用。

2 起油锅，放入姜片爆香，加圆椒、洋葱、鳝鱼、生抽、盐，炒匀调味，倒入水淀粉炒匀即可。

功效

这道菜能舒张血管，增加血流量，降血压。

芋头糙米粥

材料： 水发糙米 125 克，水发燕麦 100 克，芋头 140 克

做法

1 洗净去皮的芋头切丁。

2 砂锅注水，倒入洗净的糙米、燕麦，搅匀，煮 40 分钟至食材变软。

3 倒入芋头丁，搅匀，续煮 30 分钟至熟，搅拌，盛出煮好的粥，装碗即可。

功效

这道粥起到降脂降压的作用，对冠心病、心肌梗死有一定的治疗效果。

芒果香蕉椰汁

材料： 芒果 100 克，香蕉 100 克，椰汁 50 毫升

做法

1 香蕉去皮，果肉切块；芒果去皮，果肉切块。

2 取榨汁机，倒入香蕉、芒果，加入椰汁，盖上盖，选择“榨汁”功能，榨取果汁。

3 揭盖，把搅拌好的果汁倒入杯中即可。

功效

这道果汁具有补血、清血热、散淤血、养颜滋润的功效。

猪大骨海带汤

材料： 猪大骨 1000 克，海带结 120 克，姜片少许，盐 2 克，鸡粉 2 克，白胡椒粉 2 克

做法

1 取电火锅，倒入焯过水的猪大骨、海带结、姜片、水，搅匀，盖上锅盖，调旋钮至高档。

2 掀开锅盖，加入盐、鸡粉、白胡椒粉，搅拌片刻，煮至食材入味，将汤盛出，装入碗中即可。

功效

这道汤具有软坚通络、健脑安神的作用。

葡萄干柠檬豆浆

材料： 水发黄豆 50 克，葡萄干 25 克，柠檬片 20 克

做法

1 将已浸泡 8 小时的黄豆倒入豆浆机中，放入葡萄干、柠檬片，注水，至水位线即可。

2 选择“五谷”程序，待豆浆机运转约 15 分钟，即成豆浆。

3 把煮好的豆浆倒入滤网，滤取豆浆，倒入杯中即可。

功效

这道豆浆具有抗氧化功能，能降低血液中胆固醇的含量，预防冠心病的发生。

高血压

高血压是最为常见的心血管疾病，是指在静息状态下动脉收缩压和（或）舒张压增高的疾病，常伴有心、脑、肾、视网膜等器官的功能性或者器质性改变以及脂肪和糖代谢紊乱等现象。

症状

● **常见症状**

头痛，心悸，气短，眩晕，耳鸣，肢体麻木，失眠。

● **其他可能出现的症状**

脑出血，高血压脑病，心力衰竭，肾功能衰竭，眼底出血或渗出，心绞痛，心肌梗死，脑血栓。

小贴士

大家如果想要购买电子血压计，建议最好还是选择手臂式的。因为腕式电子血压计所测得的压力值为腕动脉的脉搏压力值，所测得结果与用水银柱式血压计测得结果相比较，经常会有很大的差异。对于大多数人来说，特别是那些血液黏稠度较高、微循环不畅的患者，用腕式电子血压计所测结果往往不准确。

【高血压“巧”预防】

● 高血压患者，切记每天饭菜中放入的盐要减少至原来的一半左右。高血压的形成原因之一是血容量过多，而盐的主要成分是钠，如果当盐摄入过多时，会使血液中的钠含量明显增多，为维持渗透压平衡，会有相应的水分滞留于血液中，从而导致血容量增加，不利控制血压。

● 补充钙和钾，钙能松弛血管平滑肌，降低血管的紧张度，有助于稳定血压。钾可以防止高盐摄入引起的血压升高，对轻型高血压更具有明显的降压作用。因此，增加钾的摄入量也有利于钠的排出，所以补钙和补钾都具有降压的作用。

● 喝酒可能导致高血压的发生。因为喝酒会使得心率加快，血管收缩，血压升高，引发脑出血等。所以高血压患者应该要尽量少喝酒或忌酒。

● 有氧运动是控制高血压的一种不错的锻炼方式，如步行、慢跑、滑冰、游泳、骑自行车、打太极拳等。高血压患者则要选择强度比较低的有氧运动，需要注意强度不能太大和时间不能过长，太极拳就非常适合高血压患者。

高血压——头痛头晕面潮红

按摩疗法

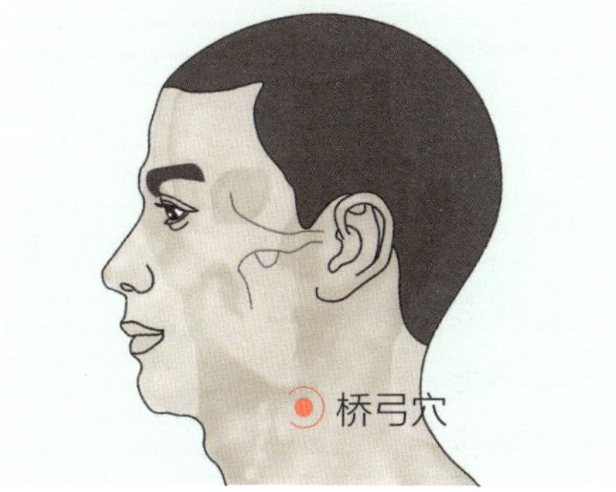

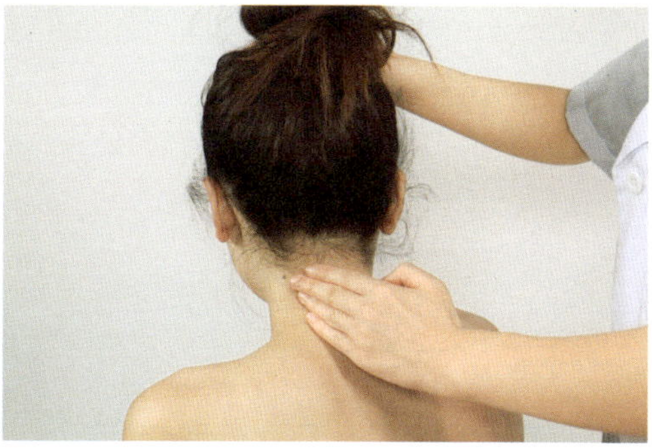

1 左手食指、中指、无名指紧并，由上而下地推按桥弓穴，先左后右推按各 1 分钟。

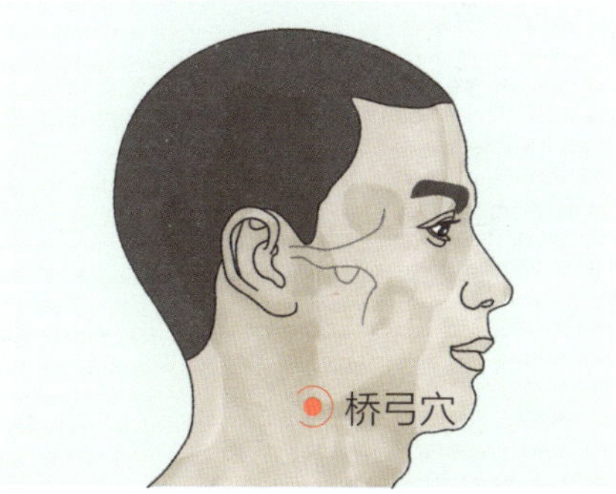

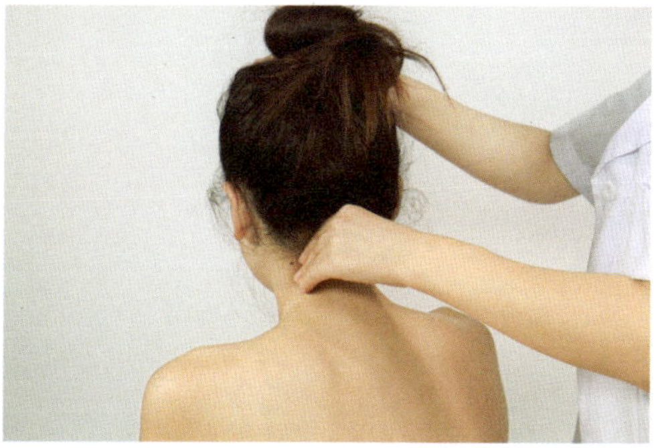

2 然后分别对左右两侧的桥弓穴进行揉、拿，操作时间为 3 分钟。

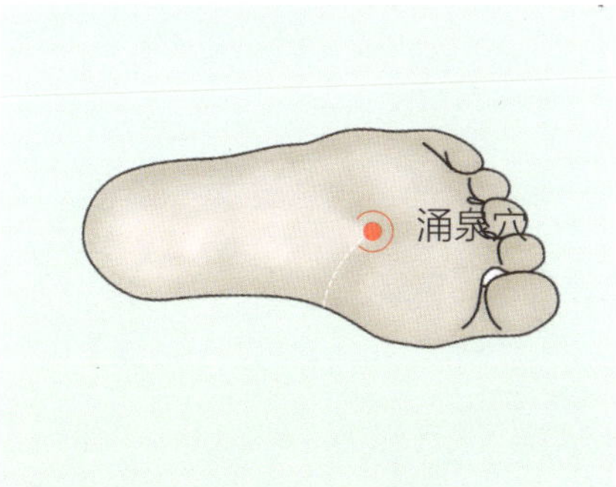

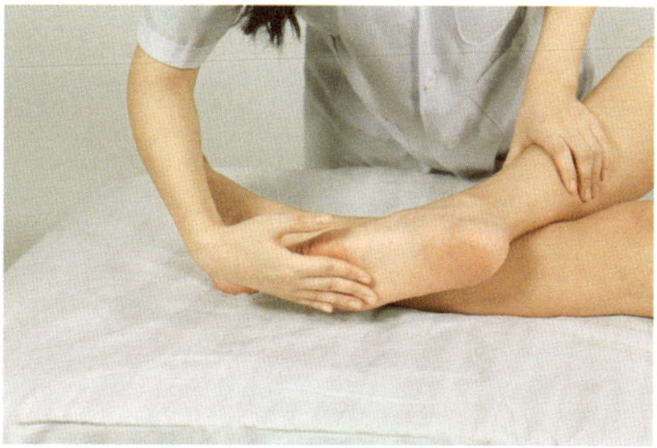

3 用右手手掌搓擦涌泉穴 36 次，再屈伸双脚趾数次，然后静坐 10 ~ 15 分钟。

胡萝卜南瓜粥

材料：水发大米80克，南瓜90克，胡萝卜60克

做法

1 洗好的胡萝卜切成粒；洗净去皮的南瓜切成粒。

2 砂锅中注水烧开，倒入洗净的大米，拌匀。

3 放入南瓜、胡萝卜，拌匀，煮至食材熟软，盛出煮好的粥，装碗即可。

功效

这道粥具有健脾和胃、降脂降压的作用。

雪梨莲子豆浆

材料：雪梨40克，水发黄豆120克，莲子少许，白糖适量

做法

1 洗净的雪梨去核，切成块。

2 将泡好的黄豆、莲子和切好的雪梨倒入豆浆机中，注水至水位线，选择"五谷"程序，启动机器约15分钟，即成豆浆。

3 倒入碗中，放入白糖，拌匀至其溶化即可。

功效

这款豆浆具有清热泻火、降压降脂的作用。

白菜冬瓜汤

材料：大白菜180克，冬瓜200克，枸杞8克，姜片少许，盐2克，鸡粉2克，食用油适量

做法

1 洗净去皮的冬瓜切成片；洗好的大白菜切成小块。

2 用油起锅，放入姜片，爆香，倒入冬瓜片、大白菜、水、枸杞，拌匀，煮至食材熟透。

3 加入盐、鸡粉，搅匀，煮好的汤料盛出，装碗即成。

功效

这道汤可起到清热解毒、利水消肿、降糖降压的功效。

龙眼马蹄火龙果汁

材料：龙眼（桂圆）80 克，火龙果 130 克，马蹄 60 克

做法

1 火龙果去皮，切块；龙眼去皮，去核；马蹄去皮，切成块。

2 榨汁机中倒入火龙果块、龙眼肉、马蹄，注水，榨约 25 秒成果汁。

3 断电后将榨好的果汁倒入杯中即可。

功效

这道果汁具有清热润肺、降压降脂的作用。

荷叶山楂薏米茶

材料：干荷叶 5 克，干山楂 15 克，陈皮 10 克，薏米 35 克，冰糖适量

做法

1 碗中注水，放入洗好的干荷叶，倒入干山楂、陈皮、薏米，洗净。

2 锅置火上，倒入清洗好的材料，注水，煮至材料熟软。

3 加入冰糖，拌匀，煮至溶化，盛出煮好的药茶，装杯即成。

功效

这道茶有益气养血、养心安神的作用。

甜椒拌苦瓜

材料：苦瓜 150 克，彩椒、蒜末各少许，盐、白糖各 2 克，陈醋 9 毫升，芝麻油适量

做法

1 将苦瓜洗净去瓤，切粗条，焯水；彩椒洗净切粗丝，焯水，备用。

2 取碗，放入苦瓜条、彩椒丝、蒜末、盐、白糖、陈醋、芝麻油，拌匀；将拌好的菜肴装入盘中即成。

功效

这道菜可起到清暑解毒、清热去火、降血压的效果。

糖尿病

糖尿病是一种由胰岛素分泌缺陷或胰岛素作用障碍所致的以高血糖为特征的代谢性疾病。持续高血糖与长期代谢紊乱等可导致全身组织器官，特别是眼、肾、心血管及神经系统的损害及其功能障碍和衰竭。严重者可引起失水、电解质紊乱和酸碱平衡失调等急性并发症酮症酸中毒和高渗昏迷。

症状

● 常见症状

易饥多食，烦渴，多饮，多尿，体重减轻，疲劳，虚弱。

● 其他可能出现的症状

四肢酸痛，麻木，腰痛，性欲减退，月经失调，便秘，视力障碍，顽固性腹泻，体位性低血压，大汗淋漓。

小贴士

糖尿病是目前还没有办法完全根治的疾病，我们需要积极行动起来，规范自己的生活。科学的生活方式很重要。只要长期有效控制，是可以防止和延缓糖尿病慢性并发症的发生和发展的。如果进入慢性并发症期，那就需要百倍警惕，延缓慢性并发症的恶化。

【糖尿病“巧”预防】

● 饮食问题，是防治糖尿病的关键所在。饮食不但可以有效治疗和控制糖尿病，还能够起到预防的作用，饮食调节也是预防糖尿病的重要方法。这就要求朋友们在日常生活中膳食要均衡，多吃富含纤维素的天然食品，如谷类、水果、蔬菜，要注意减少摄入饱和脂肪酸。

● 在生活中很多糖尿病都是由于肥胖而导致的，因此有效地控制体重对糖尿病的预防很有好处。肥胖者都应该严格限制吃高糖和高脂肪的食物，多吃富含纤维素和维生素的蔬菜和水果，防止能量的过分摄取。

● 增强自身体质也是预防糖尿病发生的有效方法之一。加强体育锻炼，时常参加适当的体育活动可减轻体重，还能增强血管的功能，能够起到预防糖尿病及其并发症的作用。

● 想要预防糖尿病的发生，一定要拥有良好的心态。有了良好积极的心态，才能做好预防，控制发病率。

糖尿病——三多一少脏腑伤

按摩疗法

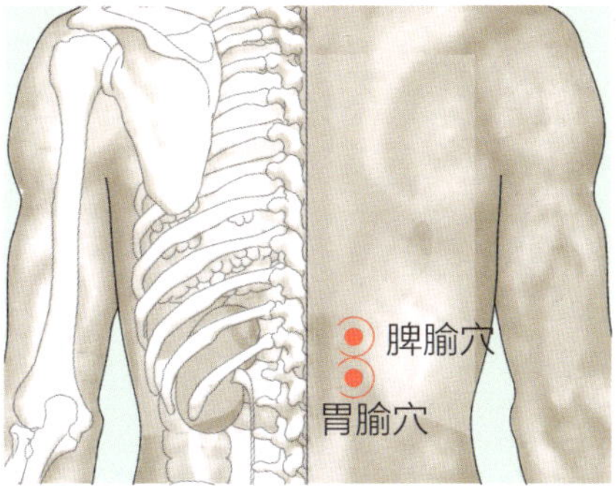

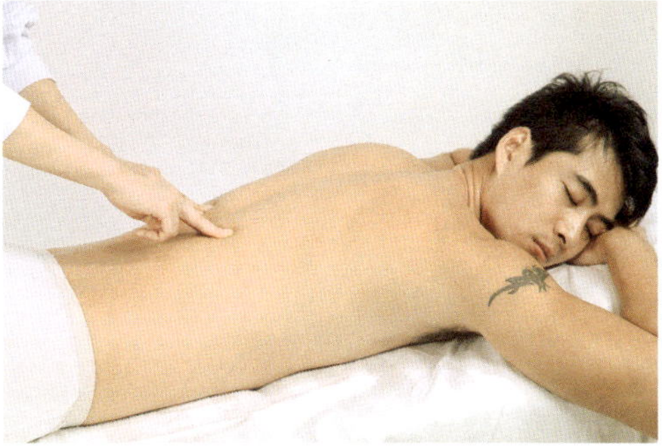

1 双手拇指指腹同时放于脾腧穴上，点揉 3 ～ 5 分钟；食中指指腹同时放于胃腧穴上，点揉 3 ～ 5 分钟。

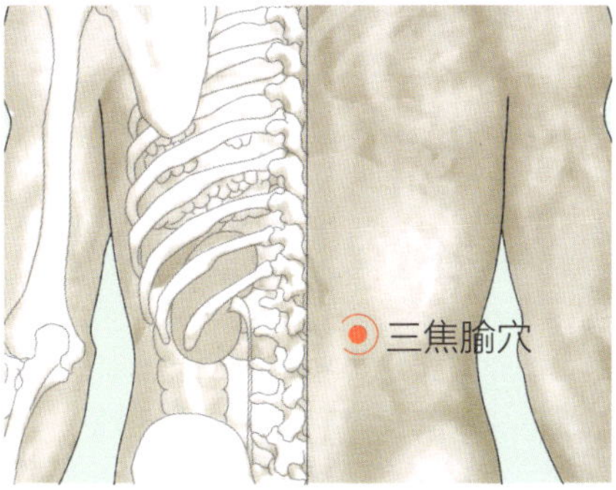

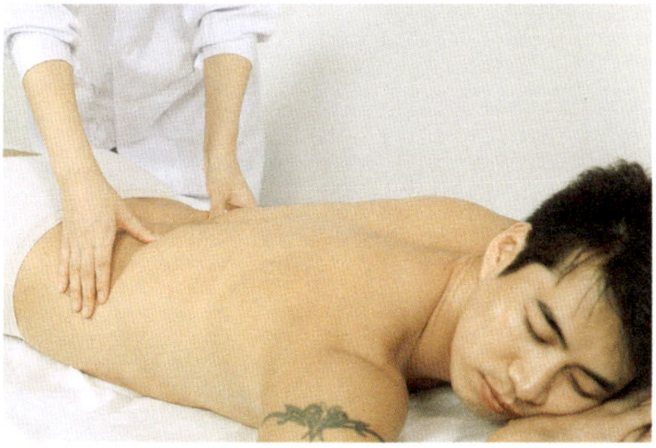

2 将双手大拇指同时放于三焦腧上，其余四指附于患者腰部，微微用力压揉，以局部有酸胀感为宜。

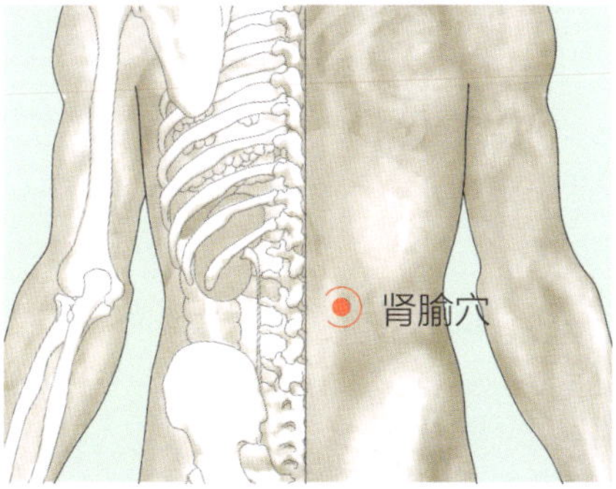

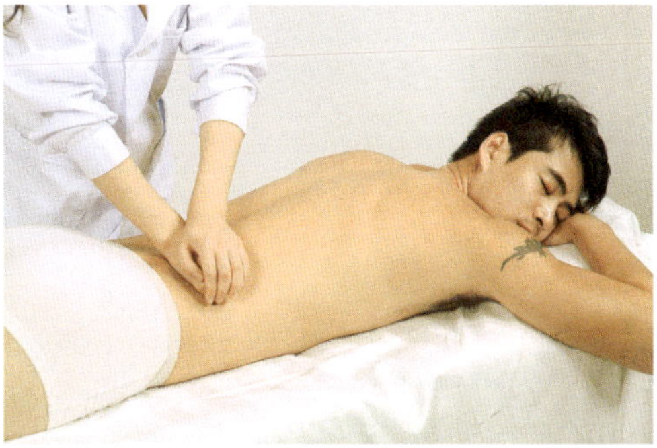

3 将双手交叠，放在肾腧上，用手掌根部揉按 1 ～ 3 分钟，力度由轻到重。

党参枸杞茶

材料：党参 15 克，枸杞 8 克，姜片 20 克

做法

1 砂锅中注入清水烧开，放入洗净的党参、姜片。

2 盖上盖，用小火煮 20 分钟至其析出有效成分。

3 揭盖，放入枸杞，拌匀，煮 1 分钟至其熟透，将煮好的茶水装入碗中即可。

功效

这道茶具有滋补肝肾、益精明目的功效。

紫薯山药豆浆

材料：山药 20 克，紫薯 15 克，水发黄豆 50 克

做法

1 山药洗净去皮切块；紫薯洗净切块；泡发的黄豆洗净，备用。

2 将紫薯、山药、黄豆倒入豆浆机中，注水至水位线，选择“五谷”程序，启动机器制成豆浆。

3 把煮好的豆浆倒入滤网中，滤取豆浆，倒入杯中即可。

功效

这道豆浆可起到滋养肺肾的效果，适用于消渴多尿。

玉竹白芷润肺汤

材料：鸡腿 700 克，薏米 100 克，白芷、玉竹各 10 克，葱段、姜片各少许，盐、鸡粉各 2 克，料酒 10 毫升

做法

1 砂锅中注水烧热，倒入玉竹、白芷、薏米，拌匀，煮至药材析出有效成分，再加入焯过水的鸡腿、姜片、葱段、料酒，拌匀，煮至食材熟软，拌匀。

2 加入盐、鸡粉，拌匀调味，盛出煮好的汤料，装碗即可。

功效

这道汤具有滋阴润肺、生津止渴的功效。

西红柿炖豆腐

材料： 西红柿 200 克，老豆腐 185 克，腐乳汁 15 克，葱花少许，白糖 2 克，生抽、食用油各适量

做法

1 老豆腐切厚片；西红柿洗净去蒂切块。

2 热锅注油烧热，放入老豆腐，煎至两面金黄色；放入生抽、西红柿块，炒匀；注水，倒入腐乳汁，炒匀，炖至熟透；加入白糖，撒上葱花，炒匀即可。

功效

这道菜具有清肺、生津、止渴的功效。

黄瓜梨猕猴桃汁

材料： 黄瓜 65 克，猕猴桃 100 克，雪梨 85 克

做法

1 洗净的黄瓜切小块；猕猴桃肉切小块；雪梨肉切小块。

2 取备好的榨汁机，倒入黄瓜、猕猴桃、雪梨，注水，盖好盖子。

3 选择“榨汁”功能，榨取蔬果汁，装入杯中即成。

功效

这道蔬果汁有清肺除湿、补阴益髓的作用。

燕麦南瓜粥

材料： 水发大米 60 克，燕麦 20 克，南瓜 80 克，鸡粉、盐各适量

做法

1 将洗净去皮的南瓜切条，装入盘中。

2 锅中注水烧开，倒入大米、燕麦，搅匀，煮至熟软，加入南瓜，拌匀，煮至食材熟烂。

3 放入鸡粉、盐，搅匀调味，盛出煮好的粥，装碗即可。

功效

这道粥具有滋阴润肺、生津止渴的功效。

脂肪肝

脂肪肝由于疾病或药物等因素导致肝细胞内脂质积聚超过肝湿重的 5%，肝内积聚的脂质依病因不同可以是三酰甘油、脂肪酸、磷脂或胆固醇酯等，其中以三酰甘油为多。

症状

● 常见症状

疲乏，食欲不振，右季肋痛，恶心，腹胀，右上腹痛，中上腹痛，伴压痛、反跳痛，发热，白细胞计数增高。

● 其他可能出现的症状

贫血，舌炎，外周神经炎以及神经系统症状。

小贴士

正常人肝组织中含有少量的脂肪，其重量为肝重量的 4%~5%。如果肝内脂肪堆积过多，超过肝重量的 10%~15% 时，就被称为脂肪肝。研究发现，保持心情舒畅，做到不生气，不劳心，不熬夜，适当运动，能增加肝脏血流量，有助于肝脏健康。

【脂肪肝“巧”预防】

● 调整膳食结构，坚持以植物性食物为主，动物性食物为辅助，能量来源以粮食为主的传统饮食方案，可以避免“高能量、高脂肪、高蛋白质、低纤维素”膳食结构的缺陷，从而防止热量过剩，预防肥胖病、糖尿病、高脂血症和脂肪肝的发生。

● 人体对于多余热量的作用，除了转化为脂肪储存外，主要通过体力活动耗掉。在脂肪肝和肥胖病的形成原因中，活动过少比摄入量过多更加重要。因此，为了健康的需要，应该根据自身情况，积极参加锻炼，并且坚持，避免养成久坐少动的不良习惯。

● 应该慎重选择用药。药物都有两重性，有治疗疾病的一面，也有产生不良反应的有害一面。肝脏是药物代谢的主要场所，用药不当极易产生药物性肝病。所以要严格掌握用药指征，合理调整药物剂量和疗程，应该避免长期应用四环素、糖皮质激素、合成雌激素及某些降血脂药物，以防药物性脂肪肝。

脂肪肝——疲乏恶心食欲差

拔罐疗法

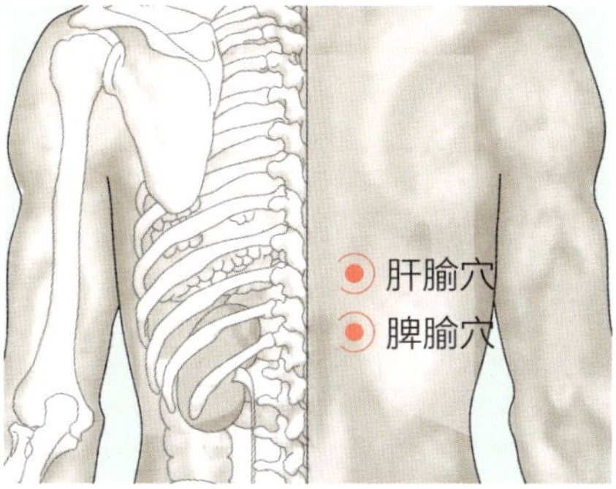

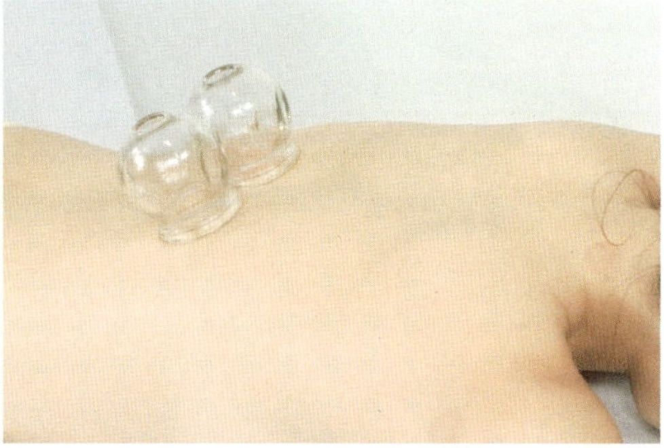

1 用止血钳夹住点燃的棉球，伸入罐内旋转一圈马上抽出，将火罐扣在肝腧穴、脾腧穴上，每穴留罐 10 分钟后取下。

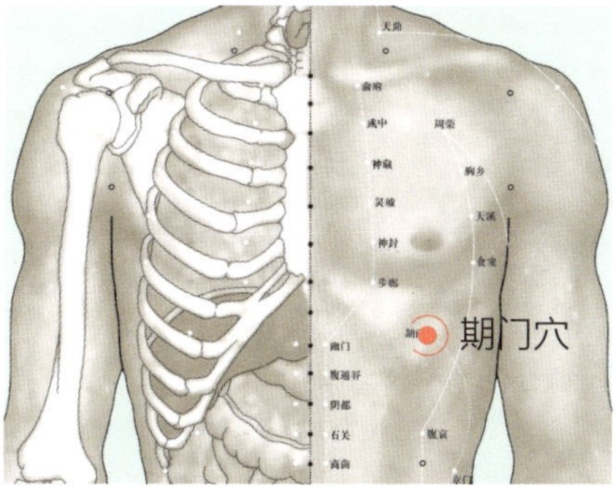

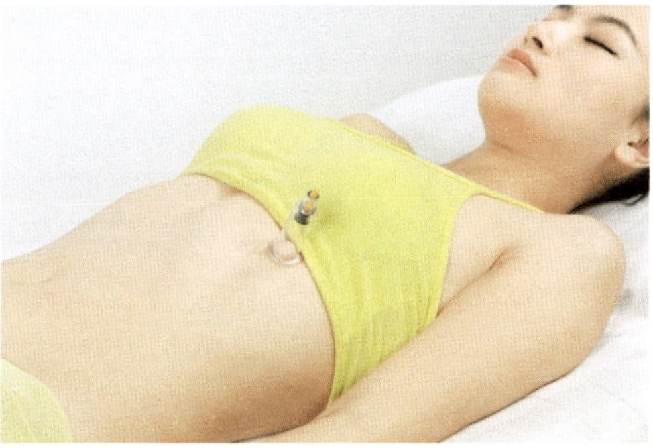

2 用拔罐器将气罐吸拔在期门穴上，留罐 15 分钟后取下。

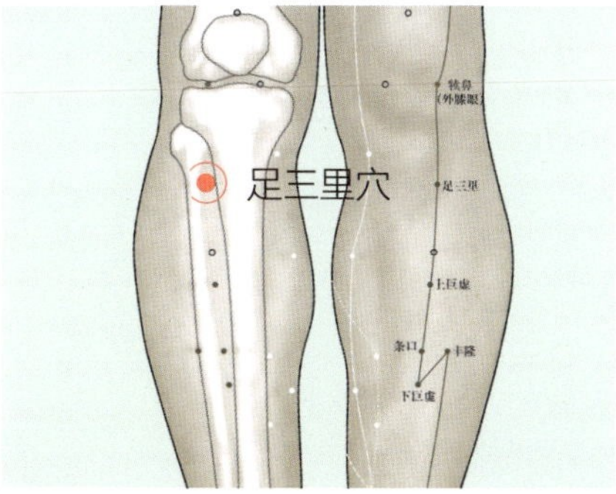

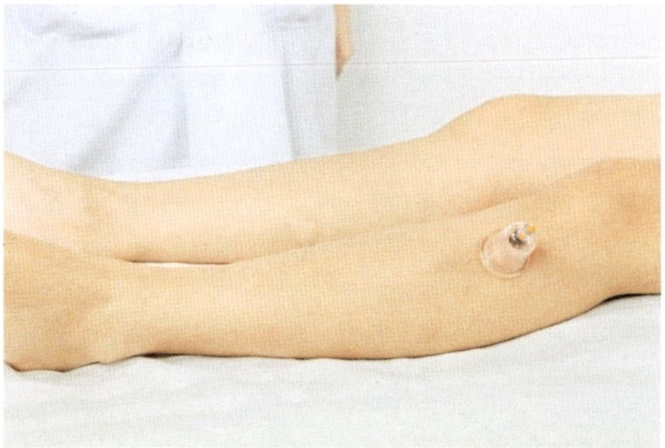

3 用拔罐器将气罐吸拔在足三里穴上，留罐 15 分钟后取下。

枸杞拌青豆

材料： 青豆 200 克，枸杞 5 克，蒜末少许，盐 3 克，鸡粉 3 克，生抽 3 毫升，白糖、芝麻油、食用油各适量

做法

1 锅中倒入清水烧开，加入食用油、1 克盐、青豆，煮约 1 分钟至断生；放入枸杞，略煮片刻，捞出。

2 把青豆和枸杞倒入碗中，加入蒜末、生抽、盐、鸡粉、白糖、芝麻油，拌匀，盛出装盘即可。

功效

这道菜具有滋补肝肾、养血补气、益精明目的作用。

菊花荷叶茶

材料： 干荷叶碎 15 克，菊花 20 克

做法

1 将蒸汽萃取壶接通电源，在内胆中注水至水位线，放上漏斗，倒入干荷叶碎、菊花。

2 扣紧壶盖，选择“萃取”功能，待机器自行运作 5 分钟，指示灯跳至“保温”状态。

3 断电后取出漏斗，倒出荷叶茶。

功效

这道茶具有提高免疫力、补气益胃、护肝的作用。

香菇鸡粥

材料： 鸡肉 60 克，水发大米 150 克，水发香菇 40 克，盐 3 克，鸡粉 4 克，水淀粉 3 毫升，食用油适量

做法

1 洗净的鸡肉切成片；洗净的香菇去蒂，切成条。

2 鸡肉片倒入碗中，放入 1 克盐、鸡粉、水淀粉、少量食用油，腌渍入味。

3 砂锅注水烧开，放入大米、食用油，拌匀，加入香菇、鸡肉、盐，拌匀，煮熟即可。

功效

这道粥具有平肝清热、益气和血、降压降脂、保护血管等功效。

柠檬芹菜莴笋汁

材料： 芹菜 50 克，莴笋 90 克，柠檬 70 克，蜂蜜适量

做法

1 芹菜洗净切丁，焯水；莴笋洗净去皮切丁，焯水；柠檬洗净去皮，切块，备用。

2 取榨汁机，倒入柠檬、莴笋、芹菜和水，按下开关，榨取蔬果汁；加入蜂蜜，拌匀，将搅拌好的蔬果汁倒入杯中即可。

功效

这道蔬果汁对高脂血症、脂肪肝具有良好的降血脂作用，还有降压作用。

无花果瘦肉汤

材料： 猪瘦肉 150 克，无花果 20 克，料酒 8 毫升，盐 2 克，鸡粉 2 克

做法

1 洗净的猪瘦肉切片，装盘。

2 砂锅中注水烧开，倒入无花果、瘦肉片，拌匀，淋入料酒提味，煮至食材熟透。

3 放入盐、鸡粉，拌匀调味，把煮好的汤料盛出即可。

功效

这道汤具有生津止渴的功效，可有效调节糖尿病患者喝多的症状。

银耳羹

材料： 水发银耳 250 克，白糖 15 克

做法

1 砂锅中注水烧开，倒入银耳，拌匀。

2 盖上盖子，煮约 40 分钟至食材熟软。

3 揭盖，加入白糖，搅拌至溶化，盛出煮好的甜汤，装碗即可。

功效

这道汤品适用于高血压、糖尿病等引起的脂肪肝，具有滋肝养肾、镇静明目等作用。

骨质疏松

骨质疏松是一种以低骨量和骨组织微结构破坏为特征，导致骨质脆性增加和易于骨折的全身性骨代谢性疾病。在多数骨质疏松中，骨组织的减少主要由于骨质吸收增多所致，尤其好发于绝经后妇女以及老年男性。

症状

● **常见症状**

疼痛，驼背，身长缩短，胸闷，气短。

● **其他可能出现的症状**

骨折，呼吸功能下降，胸、腰椎压缩性骨折，脊椎后弯，胸廓畸形。

小贴士

老师课间休息时间，应充分接受日光浴，皮肤下脂肪含有维生素 D 的前身物质——前维生素 D，在阳光紫外线的作用下可合成维生素 D，维生素 D 又通过血流从肝脏到肾脏，转换成活性维生素 D，能促进肠道内钙质的吸收。

【骨质疏松“巧”预防】

● 宜补充足量的钙。牛奶和奶制品、大豆和豆制品中的钙含量都很高，其他的如绿叶蔬菜、贝类、鱼、坚果也含有较多的钙。如果你不能饮用奶制品，也可以用其他的食品来弥补食物中钙的不足。

● 补钙时每天要喝 6~8 杯水。碳酸钙的有效钙质含量较高，但是人体吸收却较为困难，随餐服用碳酸钙可以提高钙的吸收率。

● 补充维生素 D。维生素 D 可以增加小肠对钙的吸收，有利于骨钙的沉积，是骨骼生长发育必不可少的物质。要补充维生素 D，最直接的方法就是晒太阳。

● 一般而言，年轻人每天累计晒太阳 40 分钟、老年人 60 分钟以上就能获得充足的维生素 D。当然，前提是需要有 15% 的皮肤暴露在阳光下。如果保证每天有 30 分钟的晒太阳时间，就可产生满足身体需要的维生素 D。对于阳光照射不足的人来说，应该保证膳食中有维生素 D 的食物。含维生素 D 的食物有肝脏、鱼油等。

骨质疏松——骨脆易折风险高

拔罐疗法

扫一扫，视频同步学

拔罐要点

病情重、病位深及疼痛性疾患，拔罐时间宜长；病情轻、病位浅及麻痹性疾患，拔罐时间宜短。肌肉丰厚的部位时间可略长；肌肉薄的部位时间宜短。

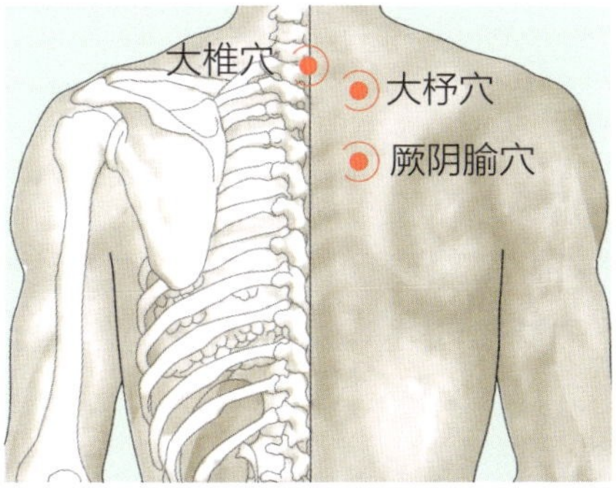

1 用止血钳夹住点燃的棉球，伸入罐内旋转一圈马上抽出，将火罐扣在大椎穴、大杼穴、厥阴腧穴上，每穴留罐 10 分钟后取下。

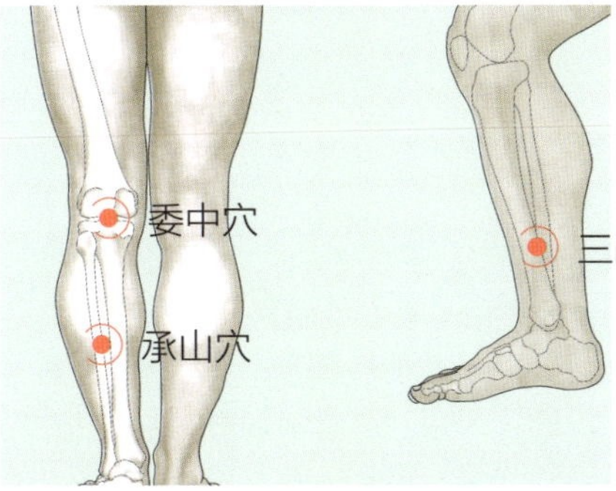

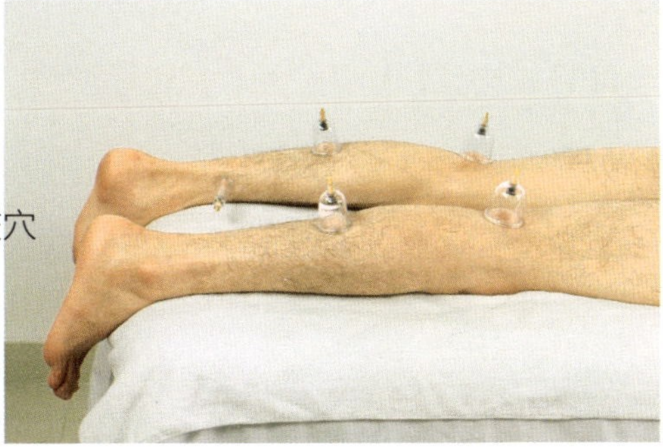

2 用拔罐器将气罐吸拔在委中穴、承山穴及三阴交穴上，留罐 10 分钟后取下。

酸奶水果杯

材料： 火龙果 130 克，橙子 70 克，苹果 80 克，酸奶 75 克

做法

1 火龙果取果肉，切块；橙子取果肉，切块；洗净的苹果取果肉，切块。

2 取一个干净的玻璃杯，放入切好的火龙果、橙子和苹果。

3 均匀地淋上酸奶即可。

功效

这道甜品具有补虚强骨、益肾健脾的作用。

草莓牛奶燕麦粥

材料： 草莓 60 克，燕麦 150 克，牛奶 100 毫升

做法

1 洗净的草莓去蒂，对半切成四小份。

2 砂锅中注水烧开，倒入燕麦，煮食材熟透。

3 放入草莓，拌匀，再加牛奶，拌至入味，装入碗中。

功效

这道粥具有补虚益气、益肾补髓的功效。

胡萝卜汁

材料： 胡萝卜 85 克

做法

1 洗净的胡萝卜切小块。

2 取备好的榨汁机，倒入胡萝卜块，注入纯净水，盖好盖子。

3 选择“榨汁”功能，榨出胡萝卜汁，倒出胡萝卜汁，装入杯中即成。

功效

这道果汁具有补中益气、养血健骨的功效。

海带汤

材料：水发海带 60 克，牛肉（腱子肉）100 克，芝麻油 13 毫升，生抽适量，盐 8 克

做法

1 牛肉洗净切片；水发海带洗净切块，备用。

2 热锅注入芝麻油，放入牛肉，炒至变色，注水煮至沸腾，放入海带块，拌匀。

3 加入生抽、盐，拌匀，续煮片刻，装入碗中即可。

功效

这道汤具有添精补髓的功效，对骨质疏松患者有很好的补益效果。

芝麻菠菜

材料：菠菜 100 克，芝麻适量，盐、芝麻油各适量

做法

1 洗好的菠菜切成段。

2 锅中注入清水烧开，倒入菠菜段，搅匀，煮至断生，捞出，沥干水分。

3 菠菜段装入碗中，撒上芝麻、盐、芝麻油，搅拌片刻，使食材入味，装入盘中即可。

功效

这道菜可起到补精益髓、强筋壮骨的作用。

杏仁豆浆

材料：杏仁 10 克，水发黄豆 50 克

做法

1 将泡发洗净的黄豆、杏仁倒入豆浆机中，注水至水位线，盖上豆浆机机头，选择“五谷”程序，按下开关，制成豆浆。

2 将煮好的豆浆倒入滤网，滤取豆浆，将滤好的豆浆倒入碗中即可。

功效

这款豆浆具有补肾壮骨、抗衰防老的作用。

痔疮

痔疮指肛门静脉壁因炎症侵犯后，常因便秘、排便用力过大或持续剧烈运动，引起痔下静脉破裂出血和血栓形成。

症状

● **常见症状**

大便出血，大便疼痛，肿物脱出，直肠坠痛，肛门瘙痒，流出分泌物。

● **其他可能出现的症状**

贫血，皮肤顽疾，肥胖，直肠癌，抑郁症。

小贴士

防治痔疮的方法很多，只要注意在日常生活中认真去做，不仅可以预防痔疮的发生，对于已经患有痔疮的人，也可以使其症状减轻。

【痔疮“巧”预防】

● 患者应该多吃富含纤维的食物，纤维素能增加胃肠蠕动，软化大便，不会造成积存进而压迫静脉血管。这类食物主要包括全麦、燕麦、糙米、蔬菜和水果，尤其是深色绿叶蔬菜，其不仅含纤维多，而且含有维生素K，对于出血性痔疮有很好的疗效。

● 患者还可以多吃润肠通便、清热利湿、凉血消肿的食物，如黑芝麻、蜂蜜、竹笋、柿饼、红小豆、香蕉、无花果、黑木耳等。

● 患上痔疮要每天喝更多的水，可以帮助润肠通便。每天清晨醒来后空腹喝一大杯温水，对清洁结肠、预防便秘作用很大。有些饮料，如咖啡、啤酒、可乐等虽然不会使病情恶化，但也有可能在排便过程中引发患处瘙痒，也不宜饮用过量。白酒更加不宜多喝，因为其对直肠黏膜有直接刺激作用，严重者易致出血。

● 爬山，每周一次，坚持这个习惯。跟其他方法相比，到郊外远足、爬山是非常有效果和有趣的防治方法。

痔疮——大肠湿热便带血

艾灸疗法

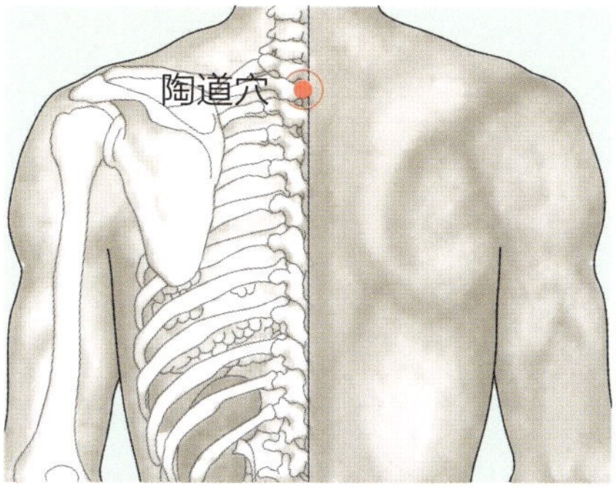

1　取两个燃着的艾灸盒，一个放于陶道穴，一个放于肾俞穴、命门穴、大肠俞穴、腰阳关穴，一同灸 10 ～ 15 分钟。用回旋灸法来回灸长强穴和白环俞穴 10 ～ 15 分钟，以患者感觉局部皮肤温热为度。

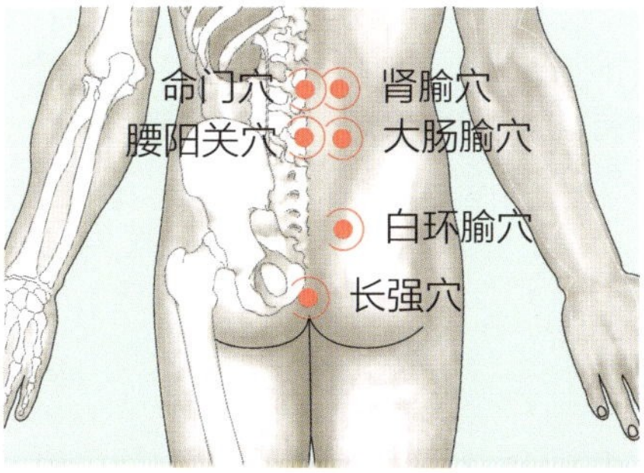

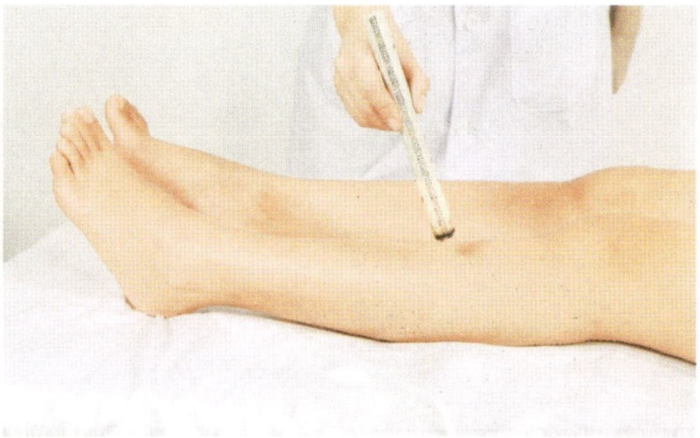

2　用艾条以温和灸法灸足三里穴 10 ～ 15 分钟。

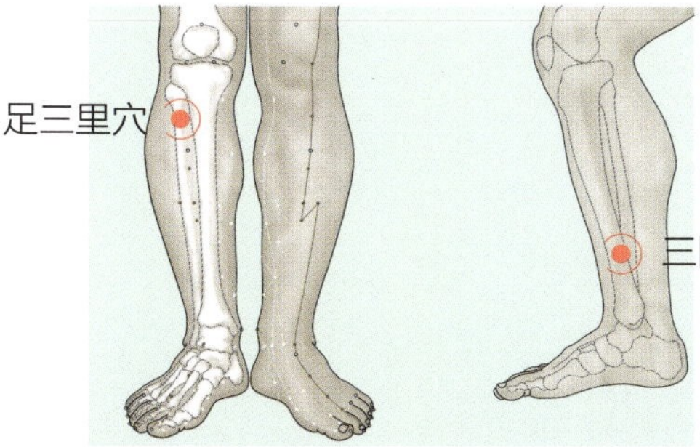

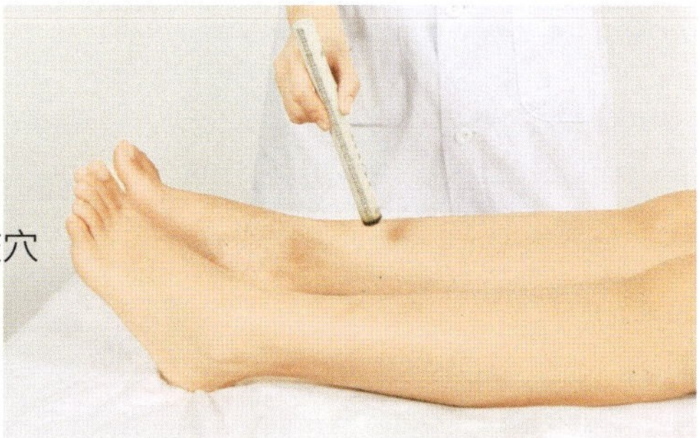

3　找到三阴交穴，用艾条以温和灸法灸 10 ～ 15 分钟。

香蕉蜜枣果汁

材料： 香蕉 100 克，蜜枣 20 克，豆浆 100 毫升

做法

1 香蕉去皮，切小块；洗净的蜜枣切开去核，切小块。

2 把香蕉、蜜枣倒入榨汁机中，加入豆浆，盖上盖，启动榨汁机，榨约 20 秒成豆浆汁。

3 断电后揭开盖，将豆浆汁倒入杯中即可。

功效

这款果汁适用于便秘、痔疮患者，具有生津补血、通肠利便的功效。

芹菜炒土豆丝

材料： 芹菜 60 克，土豆 120 克，盐 2 克，食用油适量

做法

1 洗净去皮的土豆切成丝；洗好的芹菜切成段。

2 用油起锅，倒入土豆丝，炒匀。

3 再放入芹菜段，加入盐，炒至入味，关火后将炒好的菜肴盛出装入盘中即可。

功效

这道菜适用于痔疮出血等症，具有补虚损、通血脉、祛风湿的功效。

丝瓜豆腐汤

材料： 豆腐 250 克，去皮丝瓜 80 克，姜丝少许，盐、鸡粉各 1 克，芝麻油少许，老抽、陈醋各适量

做法

1 洗净的丝瓜切厚片；洗好的豆腐切成块。

2 沸水锅中倒入姜丝，放入豆腐块、丝瓜片，稍煮片刻至沸腾。

3 加入盐、鸡粉、老抽、陈醋，拌匀，煮至熟透，盛出煮好的汤，装碗中，淋入芝麻油即可。

功效

这道汤适用于湿热脱肛、大便时肛门痛或便后滴血等症，具有清热、除湿的功效。

PART 7

勤做心理排毒，工作也是幸福

教师是太阳底下最光辉的职业。用爱心和耐心指导学生学习科学文化知识、道德礼仪知识成了教师的日常工作之一。每一份工作都有遇到难题的时候，做好自我的心理疏导，掌握减压的绝招，及时解决就能够化解压力。

1 教师是心理问题的“高危人群”

竞争激烈的社会环境让越来越多人感受到生活的巨大压力，心理问题也日益突出。教师是一个特殊的群体，不仅承担着来自社会、学校、家长的压力，还有个人家庭生活的压力，众多的心理问题也随之而来。

01 偏见心理

教师也是普通人，工作中带有个人情感是很正常的事，对乖巧好学的学生，会投以更多赞许的目光；对调皮捣蛋的学生，会因为闹心而批评几句。但千万不要因为学生成绩的差异而区别对待，要看到学生的天真与善良，认可他们的优点，也要包容缺点，要学习丰子恺先生，做“儿童的崇拜者”，尊重爱护每一位学生，客观、公平、公正对待每一件事。

02 虚荣心理

虚荣心理常常伴随着嫉妒、欺骗等行为，这部分人会过分看重别人的评价，自我表现欲太强，并且会夸大自己的工作能力与水平。其实，日常只要端正个人的价值观，清楚认识到社会中的每个职业都是平等的，都值得尊重，这样就能避免自我膨胀以及克服过度的优越感。同时要正确认识自己，不要盲目听从别人的奉承或花言巧语，要知道比自己优秀的人还很多，自己提升的空间还很大。

03 恐惧不安心理

公开课、家长会、教学评估会议等大型的场合，教师可能会出现紧张情绪，一定的紧张度确实能提高办事效率，但若总是担心自己哪里没有做好，杞人忧天，而且老爱虚构不良后果，像学生考试成绩不理想、学生假期出现了安全问题等，就会影响到日常的工作与生活。尽心尽职做好了即可。

此外，教师还有自卑心理、强迫心理、厌倦心理、抑郁心理、猜疑心理等众多的心理问题，教师们要懂得发现问题，并及时去解决问题，学会正视问题而不是逃避问题。教学在某种意义上说只是一份工作，不要肩负太多的使命感，用平常心对待，尽心做好即可，不要给自己太大的压力，打乱生活的节奏。

2 保持心情舒畅有秘诀

每个人都有不开心或者遇到挫折的时候，这个时候，悲伤、愤怒、抑郁、忧愁等损害健康的恶性情绪都会随之而来。但是，没人喜欢受到这些情绪的影响，怎样才能尽快主动地化解不良情绪？心理学家给你建议了以下保持心情舒畅的妙方：

1.多做运动

跑步、游泳、散步等体育活动，都是化解不良情绪比较有效的措施。

2.吃香蕉

香蕉中含有一种可以帮助人脑产生5-羟色胺的物质，它可减少不良激素的分泌，吃完使人感到安静、愉快。

3.晒太阳

美国著名精神病专家缪勒指出，适当的阳光照射可缓解抑郁病人的病情。

4.听音乐

音乐可使人的大脑产生一种镇静安神的物质，但要注意选择“对路”的音乐，不当的音乐反而更加影响情绪。

5.睡好觉

睡眠有助于克服不良的情绪，让人稳心安神，一觉醒来，心情也会自然而然地好起来。

6.大声哭喊

找个安静的地方，可尽情地大声哭喊。心理专家研究发现，这种哭喊可以使得压抑的心理得到尽情发泄。此外，因不稳定情绪产生的毒素也可通过哭喊释放出来。

7.观赏花草

花草的颜色和气味有缓解情绪的作用。

3 充足的睡眠是良好心理的保障

充足的睡眠能给新的一天带来良好的精气神，让你在工作中注意力更集中，并且具有较佳的反应能力，办事效率自然也会提高，工作表现就更为出色。

1 合理的睡眠时间助你拥有健康体魄

充足的睡眠对身体免疫力的提升有着重要的作用。中医理论认为，人体进入睡眠后脏腑的排毒功能便要开启，依次是胆、肝、肺、大肠等脏器，时间从晚上的23时到第二天早上的7时。规范自己的作息时间，不要熬夜，让你的脏器有序排毒，从而消除疲劳并提高抵抗疾病的能力，为新的一天能够元气满满、活力充沛。

2 避免刺激性因素的影响

影响睡眠质量的因素很多，其中很大一部分是由个人的行为习惯造成的。规范自己的作息时间以及睡前行为，做到睡前不喝酒，不喝咖啡，不抽烟，不看惊悚类的影片，不做剧烈运动。因为这些行为都会或多或少导致神经的兴奋、心理的紧张。只有当全身处于放松状态，呼吸匀和，心跳减慢，情绪放松后才容易入睡。

3 良好的环境有助睡眠

人一天里用在睡眠的时间是 8 小时左右，占一天的 1/3，因此选购良好的家居用品就显得非常必要。床要软硬适中，枕头的高度以 10~15 厘米较为合适，被子要勤洗换。医生建议，保持室内空气流通，有利于呼吸顺畅；悬挂深色的挡光窗帘，使周围的光线减弱，能够有效提高睡眠的质量。若长期处在嘈杂的环境中，噪音会对神经系统造成影响，严重时会出现耳鸣、头痛、失眠、记忆力衰退等症状。干净整洁、安静舒适的环境能让紧绷一天的神经得到放松，从而为良好的睡眠提供保障。

4 正确的睡姿提升睡眠的质量

俯卧会影响呼吸，加重心脏负荷。仰卧时腹腔内的压力增高，使人产生胸闷。侧卧是较为健康的睡眠姿势，特别是向右侧卧。此时双腿微屈，自然放松；心脏处于高位，不受压迫；肝脏处于低位，血液循环较为顺畅，有利于新陈代谢；胃内食物借重力作用，朝十二指肠推进，可促进消化吸收。但这并不是规定一整晚都要保持同一个姿势，适时转换睡姿有助于肌肉的放松，真正达到缓解疲劳的效果。

4 淡定面对“评职称”

中国有句俗话“知足者常乐”，所谓的名号、头衔，那都是别人、社会给予的，有一定的评审标准。我们都是独一无二的存在，没有必要把自己放在条条框框中，在工作中做到问心无愧，享受过程即可。

教师职称设置了从正高级职称到员级 5 个等级，依次为正高级教师、高级教师、一级教师、二级教师、三级教师，其以思想品德、知识水平、专业能力、业绩成果等作为评审的考量因素。

其实社会上的等级考试并不少，我们从小就经历了考试与评优，中考、高考、四六级考试、计算机考试、评三好学生、评优秀学生干部等，慢慢地也就养成了极强的竞争能力，希望自己比别人好，要比别人优秀。显然，抱有这样的心态是不可取的。

冷静下来，认真去思考，这些考试、评优的结果就真的能说明一切吗？没有评上就代表你不优秀？评上的一定就是最优秀的吗？我们都知道，这里面包含着很多的因素，淡然面对才是良方。

成功时，我们会得到夸奖与赞誉，此时不要骄傲；失败的时候也要欣然接受别人的建议，努力改正不足的地方。人无完人，谁也不能保证一定能把每一件事情做好，总有出现失误的时候，这样才有进步的空间，有需要完善的地方，才能创造更多的可能性。只要自己在工作的岗位上按要求做好，尽心尽力、爱岗敬业即可。要努力做到“恬淡虚无”“高下不相慕”，要懂得欣赏自己、肯定自己，同时做个倾听者、好学者。身边总有比自己优秀的人，不妨多多学习，多借鉴别人的成功经验。

5 让愤怒不“爆发”的简单招数

每个人都有心情不好的时候，在气头上爆发只会让矛盾加深，压力会只增不减。教师们应学会自我调节，用理智的行为方式化解愤怒。

1.转移注意力

当觉得自己压制不住情绪，马上就要爆发出来了，此时要学会主动避开，先处理其他的工作或做一些自己喜欢的小事情，浇花、听音乐等。只要静下心来，你刚开始觉得是很严重的问题，其实想明白了也并不是不可解决的，甚至是小问题而已。

2.善做倾听者

当与别人发生冲突时，别人不礼貌的对待会使自己感到愤怒，会觉得自己没有受到尊重或者是没有被理解。此时无须急于解释，不要急于说服对方，学会先做出让步，让别人觉得你有尊重他，这样对方也会反过来尊重你。以退为进的策略是包含智慧的。生活中愤怒情绪是短暂的，不要让一时的愤怒冲昏了头脑，说出不得体的话语或不好的举动，这样不单对问题的解决毫无帮助，有时甚至会加剧矛盾。

3.学会换位思考

生活中的很多矛盾，大部分都是因为我们只听得见赞美，却听不得批评；只看到了自己而忽略了别人。我们总以为自己做的都是对的，违背自己的就是不对的。可是我们就真的没有犯错误的时候吗？试着站在别人的角度去梳理整个事件，客观应对才能体现修养。

4.畅谈胜过生闷气

有时候遇到不开心的事情，觉得忍忍就过去了，这种不想与他人起冲突的想法是好的，但却隐藏着危机。肝与情绪有关，郁结没有得到宣泄，会使气血不通，破坏人体内部脏腑功能的正常运作，长期累积会有害健康。不妨找一位可以畅聊的朋友，聊聊对这件事的看法，让他客观分析分析，交谈时可能会发现一些忽略的细节，或许还能在朋友的帮助下，对事件有一个新的认识和理解。

6 缓解压力，方法总比问题多

压力不是恶魔，它在我们颓废时鞭策着我们前进，让我们一次次克服困难并向成功迈进。我们应该试着和压力友善相处，并肩而行。在解决问题的过程中，我们能力得到了提升，自身修养得到了提高，慢慢成长为更优秀的人。

应对压力的 4 个办法

1 | 积极应对压力 |

不是所有的教师都像大家想象得那样有自信，当遇到不如意的事情时，还是会出现消极情绪，开始怀疑自己，觉得自己能力不足。此时请冷静下来，调整好心态，首先要肯定自己，并拿出勇气迈出第一步，勇于挑战，解决问题，这样压力自然就会减轻。

2 | 问题不积累，逐个击破 |

有时候教师会觉得压力大、喘不过气来，不是因为一个小小的问题，而是要应对一堆问题。

这些问题可能不是一下子一起出现的，是日积月累的。因此在完成每一项工作任务时，教师应细致思考一下自己在细节上有没有处理好，有没有遗漏或者是做得不对的地方。及时进行修正能在很大程度上避免产生不良的效果。

3 | 设立可行的目标 |

有的老师喜欢定目标——每日目标、每周目标、学期目标、学年目标，确立目标是好事，这样每天都会冲着目标拼搏上进。但制定目标的关键是实事求是，对自己的能力要做出全面的评估，制定目标要在合理范围内。光凭想象是不可取的，太遥远的目标等到最终不能实现的时候只会给人造成巨大的失落。

4 | 明确自己的角色 |

生活中一个人可能要扮演多重角色，是儿子，也是丈夫；是女婿，也是朋友；是教师，可能也是主任。每一个角色都有专属的任务或责任，这是压力的重要来源，也是努力的方向。至于那些不需要你去考虑的，就不要费心了。

学会直接控制压力

个体在遭遇挫折、冲突或内心感受到压力时，通过直接控制自己的生理、心理状态来缓和心理压力的方法被称为直接控制法。直接控制法是最常用的心理调适方法。

其实直接控制压力的例子在平常生活中也会接触到，并不是什么高难度的措施，像觉得压力大，紧张崩溃时的大声吼叫、砸东西等。可这只是直接控制压力的一类方式。

学者将直接控制压力分为有益的和有害的。

像酗酒、大量抽烟、砸东西、盲目购物和吃零食等都是不值得提倡的直接控制压力的方式，是有害的。

学者提倡通过良好的直接控制法去减轻焦虑并改善心态。可以找一个安静的环境，静坐或者冥想，让肌肉和心灵得到放松，又或者是通过运动（如跑步、跳韵律健身操、打球等）以及听音乐来转移注意力，缓解内心的紧张。多与身边的朋友同事聊聊，听听他们的建议，让他们帮你出谋划策。

心理学家认为，丰富的资源有助于控制压力，如较好的人际关系、健康的体魄、充沛的活力、较高的智力、广泛的兴趣爱好、一定的物质储备、坚定的目标等。生活中不妨多交朋友，拓展人脉圈；多学习，增长才干；学会理财，为自己能从容应对压力做好准备。

解除压力的四大绝招

1.体育锻炼

随着肢体的伸展，体内的血液循环会加快，这时由工作带来的神经紧张、情绪混乱会得到调节。要注意的是避免做大运动量或高难度的锻炼，思绪不集中容易受伤，这样压力没有减缓，外伤的疼痛反而加剧了压力。

2.挖掘工作中的乐趣

刚开始工作的时候，面对一个全新的环境，大部分人都是满怀激情的，但随着时间的增加或工作难度的增强，原来看到的岗位上的闪光点就慢慢失去了光泽，兴奋的心情不在，工作的效率也会受到影响。此时就要重新挖掘工作中的乐趣，用积极的态度看待周围的一切，便能轻易发现身边的美。

3.找到取悦自己的方式

人生中不仅有工作，还有生活、爱好、美食、美景，不要被工作的压力束缚，跳出来，做点开心事，单调的日子会变得丰富多彩，也会使性格变得乐观。

4.肯定自己

生活中总是不缺乏看别人太多、关注自己太少的人。这么多年了，从“你看看别人家的孩子”中成长起来，这种拿自己和他人作对比的事情，难道你还没有感到厌倦吗？不能把太多的注意力放在别人的身上，让别人的意见左右我们的判断，会让我们变得怀疑自己。

尝试与压力“和解”

01 理解压力

生活中完全没有心理压力的情况是不存在的。每个人生活的环境都会给他提出要求，只有当要求与反馈达到平衡时，压力最小；当天平失衡，即当事情的结果没有达到你的预期，或者是发生了不可控的情况时，压力就会被放大。当压力被理解，并成为推动自己前进的动力时，紧张感及不适感也会随之减轻。

02 写压力日志

在日志里重复一遍让你感到有压力的事情可能会让你觉得这与压力“和解”互相矛盾，但这其实是正确地疏导自己的压力的方式，是非常健康的方法。你可以及时记录下什么事情让你有压力，你当下的反应是什么，你又做出了怎样的应对措施来减压。通过经验的总结分析，你会找出解决这类事情的合理方法，这样以后就能从容面对了。

03 奖励自己

当自己解决了某个难题，克服了某种不良情绪，使压力得到减缓时，奖励一下自己：看一场电影，吃一顿大餐，买一个新的摆设，去旅行一趟，用能让自己快乐的方式，为自己的辛勤努力鼓掌，也为工作增添动力。要在自己经济能力的范围内，不然会为自己制造新的压力。

巧用“饮食减压法”

1 钙有“天然的镇静剂”的美称，能够使神经松弛，缓解紧张的情绪，合理补充钙质，更有助于睡眠，含钙丰富的食物有牛奶、酸奶。

2 镁能有效安定情绪，舒缓压力，其在绿叶蔬菜、坚果等食物中含量较为丰富，生活中可适当补充。

3 维生素B_1、维生素B_6、维生素B_{12}、叶酸等B族维生素能维持身体的正常代谢，可消除疲劳，修复受损的神经系统，日常饮食中可通过全谷类、肉类、奶类等食品来补充。

4 维生素C的抗氧化能力较强，能清除身体的有害自由基，新鲜蔬菜与水果中的维生素C含量丰富，如苦瓜、豆角、韭菜、猕猴桃、橙子、橘子、鲜枣、草莓。

5 深海鱼类中含有丰富的Ω-3，像沙丁鱼、鲑鱼等食用后能有效提高记忆力和促进血液循环。

6 蛋白质能够缓解紧张情绪，促进睡眠，乳制品中含有丰富的蛋白质，食用早餐时可加入鸡蛋、燕麦。

7 碳水化合物能促进分泌脑神经传导物质，使头脑保持清醒，其在米饭、面包、杂粮中含量较为丰富。

8 谷物与蔬果中的膳食纤维能够帮助消化系统有序运转，人体正常的新陈代谢可调节不稳定的情绪。

生活中有调节压力的食物，也有加重焦虑的食物。像炸鸡、薯条等油炸类高脂肪食品，腊肉、卤味等高盐类食物，会加重消化系统的负担，使代谢放缓，会加重身体的疲惫感；含有咖啡因的饮料，如咖啡、茶就要适量饮用，过度会使肾上腺素分泌过多，会加剧不稳定的情绪。平时要先有减压的意识，才能调整自己的饮食习惯，要做到均衡饮食，及时补充水分。

学一学减压“呼吸操”

深呼吸法

深呼吸是胸腹联合进行的，能使人的胸部、腹部的相关肌肉、器官得到较大幅度的运动，呼吸时一方面可排出肺内残气及其他代谢产物，另一方面能帮助吸入更多新鲜的空气，给体内的脏器提供充足的氧气，加速血液循环，以促使各脏器正常运作。具体方法：深吸气时，先使腹部膨胀，然后使胸部膨胀，达到极限后，屏气几秒钟，逐渐呼出气体；呼气时，先收缩胸部，再收缩腹部，尽量排出肺内气体。反复进行吸气、呼气，每次 3~5 分钟。

腹式呼吸

腹式呼吸能帮助肌肉放松，提高肺活量，改善心肺功能。具体方法：吸气时将腹部慢慢鼓起，要深长而缓慢地吸气；全身要放松，肩膀不能抬，两手自然下垂。一般一呼一吸的时间掌握在 15 秒左右最好，吸气时控制在 4~6 秒，呼气时控制在 2~4 秒。

激励式呼吸

这是一种加深加快呼吸的方式，可以缓解压力，消除人体紧张感，同时帮助体内的废气排出体外，达到净化血液的目的。具体方法：先慢慢吸足气体，略憋片刻，然后通过齿缝向外呼气，并发出“嗤嗤”声。

若要使呼吸操达到最大的保健养生、减压效果，首先要选择在空气较为清新的地方，每日进行两三次，要有耐心，坚持练习，在心情平和的时候练习能使效果更佳，对解除疲惫、放松情绪相当有帮助。

下班后释放压力的 4 个建议

1 工作要在上班时间完成

清晰区分好工作与生活，工作有工作的时间，生活有生活的时间，当工作占据了生活的时间，饮食、睡觉、娱乐等时间就会被压缩，这样就等同于放松的时间减少，精神紧张的时间延长了。应提高工作的效率，工作要在上班时间完成。

2 交谈宣泄

下班后约上三五知己，聊聊家常，在关系友好的人面前会相对放松，紧张的情绪得到缓解，压力也会减少。给自己写写信，把不如意的事情畅快宣泄；给远方的朋友发一封邮件，联络一下感情。

3 多一点娱乐方式

现代社会中越来越多的人“迷上”了加班，其实这并不能说明他们有多爱自己的工作，有一些时候只是因为下班后没有其他活动。一整天长时间地工作，思维能力变得迟钝，用眼过度会伤肝，久坐或久站对脊椎都不好，缺乏运动影响血液的循环。不妨用加班的时间学一门技艺，或插花、画画、玩乐器，又或者是慢跑、听音乐，总之，做一些能减轻工作上压力的事情就好。

4 家务活，轻松做

下班后适量的家务活能使紧绷的肌肉得到放松，洁净的环境以及从家务活中获取的成就感能使心情变得愉悦。但不能给自己安排太大的量，今天可先整理鞋柜，明天清理厕所，后天再来收拾沙发，每天一点点变化即可，若在短短的时间内要求自己全部完成，就不能达到释放压力、放松心情的效果。

7 离退休教师如何远离“焦虑症”

生活中难免会有紧张恐惧、坐立不安的情况，心理学上一般称之为焦虑。人长时间处在焦虑的状态下就会演变成一种病症——焦虑症。

何为“焦虑症”

焦虑症，又称为焦虑性神经症，是较为常见的神经性疾病，其以焦虑情绪体验为主要特征，可分为慢性焦虑（广泛性焦虑）和急性焦虑（惊恐障碍）两种形式。主要表现为无明确对象的紧张担心、坐立不安，还有植物神经功能紊乱症状（心悸、手抖、出汗、尿频等）。

为什么会患上“焦虑症”

离退休教师从忙碌的工作状态转变成休闲的状态，生活习惯被打破，短时间内可能无法转变心态，以前是那个可以帮学生解疑答难的好老师，现在觉得自己无事可做，甚至会怀疑自己是不是被社会淘汰了，无法融入社会，更跟不上年轻人的步伐，变得猜疑、紧张，无法调节自己的情绪，情感的压抑、恐慌就使“焦虑症”找上门了。

防治焦虑有良方

心态最重要

及时树立消除焦虑的信心，用平和的心态对待周围事物的改变，告诉自己，这只是状态的调整而已，迈入一个新的阶段同样有趣，有很多新的事物需要学习。

分散注意力，排解忧虑

如果整天都闷在家里，只会胡思乱想，适当增加点运动量，做点休闲的运动，如登山、跳舞、打球等；又或者是培养新的兴趣爱好，如养鸟、下棋、种花等，通过多种方式分散自己的注意力，当投入到新的愉悦的环境时，全身都能得到放松，忧虑情绪自然也会消解。

及时就医

如果觉得自己无法排解焦虑时，要及时到医院诊治，并遵照医嘱，按时服用药物并接受有效的心理治疗，使自己尽快恢复。